Tupak Ernesto Obando Rivera

Ingenieria Geomática

Tupak Ernesto Obando Rivera

Ingenieria Geomática

Tecnología al servicio de la ciencia y la sociedad

Editorial Académica Española

Imprint
Any brand names and product names mentioned in this book are subject to trademark, brand or patent protection and are trademarks or registered trademarks of their respective holders. The use of brand names, product names, common names, trade names, product descriptions etc. even without a particular marking in this work is in no way to be construed to mean that such names may be regarded as unrestricted in respect of trademark and brand protection legislation and could thus be used by anyone.

Cover image: www.ingimage.com

Publisher:
Editorial Académica Española
is a trademark of
International Book Market Service Ltd., member of OmniScriptum Publishing Group
17 Meldrum Street, Beau Bassin 71504, Mauritius

Printed at: see last page
ISBN: 978-3-330-09234-1

Zugl. / Aprobado por: Managua, Universidad Nacional Autónoma de Nicaragua, Tesis Posdoctoral,2017

PRESENTACIÓN DEL LIBRO

Esta publicación constituye un importante recurso didáctico para la enseñanza y aprendizaje de la hidrología y geología en estudiantes de ingeniería civil, medio ambiente y geografía.

Con el propósito de ofrecer conocimiento actualizado, útil y práctico enmarcado en nuestra realidad nacional, se decidió elaborar con esmero y dedicación esta obra que usted tiene a su disposición.

En consecuencia, se contó con el acompañamiento **Sr. Héctor Mayorga Pauth**, ingeniero civil, especialista en gestión de los recursos hídricos con dilatada experiencia y conocimiento en esa línea de estudio.

Se propone como ejemplo práctico, los estudios y trabajos hidrológicos y geológicos realizados en la **Comunidad Piedra Grande No. 2 (Juigalpa, Departamento de Chontales)**, el cual está ilustrado con ayuda de figuras y esquemas para mejorar su lectura y comprensión.

A partir de estos estudios, se obtuvieron modelos analíticos aproximados a la realidad, que permitirán tomar decisiones inteligentes, oportunas y acertadas para la solución de problemas ambientales que surjan a mediano y largo plazo en esa región del país.

La metodología desarrollada está basada en resultados de investigaciones de campo y análisis experimentales para conocer mejor las características de la zona.

En efecto, una buena parte de los problemas asociados con fenómenos naturales se derivan de un deficiente conocimiento hidrológico y geológico del subsuelo, y la falta de una adecuada planificación territorial amigable con las condiciones naturales de la región.

He decidido publicar este libro con la colaboración de la **Editorial Académica Española (eae)**, a quiénes expreso mi más sincero agradecimiento, consideración y respeto.

Como editor científico considero que esta valiosa obra debe ser conocida, consultada y comentada no sólo en el mundo académico sino en todos los niveles de decisión y acción que tengan que ver con el desarrollo integral y sostenible de la región y con el derecho que tenemos todos los nicaragüense de vivir en seguridad y paz.

Espero que este libro sea bien acogido por la comunidad científica y especialmente por los sectores productivos, económicos e institucionales del país.

Tupak Ernesto Obando Rivera
Editor, Geólogo consultor.
Teléfono: (505) 86514404.
Correo: tobando_geologic@yahoo.com
Managua, Septiembre del 2018

ESTUDIO HIDROLOGICO

Piedras Grande 2, Juigalpa; Chontales.

Tupak Ernesto Obando Rivera

INIDCE DE CONTENIDO

H. Pauth

Anexo 2: Cálculos de la recarga subterránea de la microcuenca en condiciones actuales.
Anexo 3: Cálculos de la recarga subterránea de la microcuenca en condiciones Futuras.

INDICE DE TABLAS

INDICE DE FIGURAS

H. Pauth

INDICE DE MAPAS

INDICE DE IMAGENES

H. Pauth

I. INTRODUCCIÓN

1.1 Descripción y alcance del estudio

El presente estudio hidrológico fue elaborado para determinar las características hidrometeorológicas de la cuenca del Rio Manigua, comprendida dentro de la sub-cuenca del Río Mayales dentro de la cual se encuentra asentada la comunidad de Piedras Grandes 2, en su parte media alta y alta, en específico dentro del área de drenaje del río Manigua, afluente del río Carca ubicado en la ciudad de Juigalpa, Chontales.

Lo anterior se fundamenta en la necesidad de verificar con base en la información existente y recabada en campo, la disponibilidad de los recursos hídricos, con el fin de establecer de tomar decisiones para el abastecimiento de agua potable para la comunidad involucrada en el presente estudio considerando los términos de referencia que fueron establecidos por el Nuevo FISE.

Para este análisis se contó con la información de datos colectados en la estación meteorológica más cercana a la microcuenca correspondiente a la estación meteorológica de Juigalpa con datos registrados entre 1960 y 2015.

El presente estudio describe, las características físicas de la cuenca así como la caracterización climática de la zona y el comportamiento fluvial de los cauces.

1.2 Ubicación del área de estudio

El área de interés (comunidad de Piedras Grandes 2) se encuentra dentro de las coordenadas UTM-WGS84 681016 (Este), 1346203 (Norte) y 691113 (Este), 1339075 (Norte) de la hoja topográfica Juigalpa escala 1:50,000 editada por el INETER.

Demográficamente, la comunidad de Piedras Grandes se encuentra subdividida en sectores dispersos, los cuales están asentados entre dos quebradas conocidas principalmente como quebrada del río Manigua y parte de la quebrada del río El Caracol, ambas de flujo no permanentes que solamente corren en periodo de lluvia siendo afluente al cauce principal del río Carca.

En general el área de estudio ha sido históricamente una zona rural con tendencias al desarrollo agroforestal y de ganadería. En la zona de estudio las vías de acceso principales se encuentran son caminos que no están asfaltados y que tienen acceso mediante vehículo hasta el caserío conocido como El Jicaral, para acceder al resto de la comunidad es necesario recorrerla a pie, vehículo de doble tracción y en los casos más remotos a través de algún equino.

II.   ANTECEDENTES

Previos estudios han enfatizado que la región centro americana se encuentra actualmente afectada por diversas presiones que incluyen escasez de agua, inseguridad alimentaria, perdida de diversidad entre otros, los cuales son inducidos por el recurrente cambio climático que enfrenta el planeta. De acuerdo a un estudio realizado por el CEPAL en 2011, la región ha sufrido eventos extremos de inundaciones y deslizamientos además de extremas sequias. En este sentido, Nicaragua y en específico la comunidad de Piedras Grandes 2, no está exenta de ser afectada por dichas condiciones climáticas. El efecto Climático de periodos secos del Niño, es un claro ejemplo de las afectaciones que Nicaragua enfrenta de manera cada vez más frecuente y que tiene mayor repercusión en las zonas rurales.

Ante dicha situación el Gobierno de Reconciliación y Unidad Nacional ha implementado un plan de gestión y acción llamado Proyecto de adaptación al cambio Climático para Agua y Saneamiento (PACCAS) el cual en sus primeras fases ha realizado diversos estudios en comunidades aledañas a la comunidad de Piedras Grandes 2 que inluyen San Ramon, Murra y San Juan de Limay. Como resultado de dichos estudios, actualmente existen mapas de Zonas Potenciales de Recarga Hídrica (ZPRH) para cada municipio. Al mismo tiempo se ha definido una lista de comunidades vulnerables a los efectos adversos del cambio climático y su grado de prioridad en base a la falta de un sistema de agua potable para el abastecimiento de su población, considerando su atención mediante inversiones en sub-proyectos pilotos de adaptación para aumentar la resiliencia climática.

De igual manera a través de un estudio de Análisis de Riesgo de las Fuentes de Agua ante el Cambio Climático en Comunidades Rurales, se delimitaron las cuencas de interés y las comunidades en donde se llevarán a cabo los estudios requeridos para identificar y evaluar las fuentes hídricas que aseguren el abastecimiento de agua de las comunidades en alto riesgo, dentro de las cuales se encuentra la microcuenca del Río Manigua.

La Autoridad Nacional del Agua (ANA) con el apoyo de la cooperación alemana (Deutsche Gesellschaft Für Internationale Zusammenarbeit – giz GmbH) a través del componente 2 del Programa de Asistencia Técnica en Agua y Saneamiento (PROATAS) también han elaborado un estudio de Gestión Integrada de los Recursos Hídricos (GIRH) obteniendo como resultado el Plan de Gestión Integrada de Recursos Hídricos de (PGIRH) la Sub-cuenca Mayales.

El PGIRH es el instrumento de la GIRH y se basa en un diagnóstico enfocado en el estado hídrico de la cuenca en referencia. Este plan es principalmente un conjunto de medidas que contiene objetivos, indicadores, plazos y responsabilidades. Su principal objetivo es el mejoramiento de la calidad de los recursos hídricos y su uso sostenible.

III. OBJETIVOS

1) Definir las principales características hidrológicas de la cuenca Manigua, las cuales servirán de base de factores de riesgo de las fuentes de agua ante el cambio climático en comunidades rurales del municipio de Juigalpa, específicamente para la comunidad de Piedras Grandes 2.

2) Realizar un inventario de los principales recursos hídricos en el área de influencia de la comunidad Piedras Grandes No.2

3) Determinar la recarga potencial en la cuenca Manigua a través de un balance hídrico de suelos.

IV. Recopilación de la información

De acuerdo a lo mencionado en los TDR, en este punto se realizó la recolección de la información existente vinculada al área de estudio para diferentes aspectos como: geología, hidrología, cartografía, edafología, asi como también imágenes satelitales y modelos digitales de elevación, así como los siguientes documentos principalmente:

a) Plan de gestión integrada de recursos hídricos de la sub-cuenca Mayales.
b) Análisis de riesgo de las fuentes de agua ante el cambio climático en comunidades rurales, en el municipio de Juigalpa, Chontales.
c) Plan municipal de protección ambiental de las familias ante el cambio climático de Juigalpa, Chontales.

También se utilizaron registros de información meteorológica, actualizando algunos datos ya que en los estudios anteriores la información no está al año 2015.

El presente estudio hidrológico se llevó a cabo mediante el análisis hidrometeorológico de la microcuenca del Río Manigua, siendo esta la principal para el estudio del Sub-proyecto 19791 de Agua y Saneamiento en Comunidad Piedras Grandes 2, Municipio de Juigalpa, Departamento de Chontales, con un enfoque en adaptación al cambio climático.

V. Inventario de los Recursos Hídricos

Con el objetivo de evaluar la capacidad de las posibles fuentes de aguas para el abastecimiento de la comunidad en estudio se desarrolló un trabajo de campo exhaustivo con el fin de realizar un inventario de los pozos perforados y excavados dentro del área de influencia de la comunidad Piedras Grandes No.2

asi como de confirmar o descartar los manantiales más representativos según los lugareños.

Es importante mencionar que la comunidad no cuenta con energía eléctrica por lo que todos los pozos están equipados con bomba de mecate y los manantiales tienen pequeñas pilas de captación construidas de forma artesanal.

En las Tabla 1 y Tabla 2 se muestra de forma resumida las principales características de las fuentes hídricas visitadas, y en los Mapa 1 y se muestran las ubicaciones de las fuentes inventariadas.

El método que se aplicó para medir el caudal de cada manantial fue el volumétrico el cual consiste en medir el tiempo en que se llena un recipiente de determinado volumen y a través de la siguiente ecuación se calcula el caudal de la fuente:

$$Q = \frac{Volumen\ (m3)}{Tiempo\ (s)}$$

Una vez que se obtuvo el inventario, se ingresaron los datos en un sistema de Información geográfica con el fin de obtener un mapa actualizado de pozos y manantiales existentes.

Tabla 1: Inventario de pozos excavados y perforados visitados.

No.	Este	Norte	Elevacion	Dueño	NEA (m)	Profundidad (m)	Sector	Observaciones
1	685257	1341717	139	Comunal	14.02	45.72	El Jicaral (Sector 1)	Pozo perforado ademe de 4'' PVC, equipado con bombade mecate (ubicado detrás de capilla)
2	684144	1340995	142	Comunal	13.84	60	El Jicaral (Sector 1)	Pozo perforado por caruca No.1, $\Phi = 4$ "(contiguo a Dña Erenia),equipado con bomba de mecate.
3	682522	1341014	100	Don Carlos Arcia Suazo	4.25	4.65	Entrada a piedras gdes.2	Pozo excavado y equipado con bomba de mecate, pozo ubicado cerca de la entrada de Piedras Grandes No.2
4	684043.183	1341064.919	156	Don Alexis Hernandez	20.45	21	El Jicaral (Sector 1)	Pozo excavado en propiedad del señor Alexis Hernandez, pozo construido con brocal de piedra cantera de 2.10 m, altura brocal: 4.80 m
5	684069.183	1341044.919	144	Don Alexis Hernandez	32.25	60	El Jicaral (Sector 1)	Pozo perforado $\Phi = 4$ ", equipado con bomba de mecate, se sacaron 48 m de tuberia. El pozo tiene mal olor y requiere limpieza.
6	685556	1339605	154	Don José Adan Martínez	3.56	4.34	Los Martínez (Sector 2)	Pozo excavado y equipado con bomba de mecate, pozo en el sector de Los Martínez
7	684902	1340102	152	Don Santos Arguello	7.93	8.96	Los Martínez (Sector 2)	Pozo excavado y equipado con bomba de mecate
8	685165	1340124	161	Don Santos Arguello	5.63	9.8	Los Martínez (Sector 2)	Pozo excavado y equipado con bomba de mecate
9	684820	1340435	165	Don Vicenta Salablanca	2.25	2.94	Los Martínez (Sector 2)	Pozo excavado y equipado con bomba de mecate
10	684391	1340927	148	Comunal	17.38	27.9	El Jicaral (Sector 1)	Pozo perforado por el proyecto caruca Φ ademe: 4 " PVC (ubicado frente a camino de la escuela)
11	683980	1339354	123	Don Bismarck Rocha	12.09	17.64	El Jicaral (Sector 1)	Pozo excavado y equipado con bomba de mecate
12	684001	1339372	125	Don Bismarck Rocha	8.84	14.9	El Jicaral (Sector 1)	Pozo excavado No.2 y equipado con bomba de mecate
13	683791	1339491	125	Doña Zoila Galeano	10.74	11.36	El Jicaral (Sector 1)	Pozo excavado y equipado con bomba de mecate
14	683359	1339614	119	Doña Victoria Salablanca	6.33	8.15	El Jicaral (Sector 1)	Pozo excavado y equipado con bomba de mecate
15	683784	1341396	120	Don Wilmer Fernandez	8.4	9.35	El Jicaral (Sector 1)	Pozo excavado y equipado con bomba de mecate
16	684343	1341595	134	Don Pavel Molina	20.7	61.13	El Jicaral (Sector 1)	pozo perforado y entubado con ademe de PVC de 6'', equipadocon bomba de mecate.
17	687118	1342036	236	Don Cipriano Salablanca	1.1	2.95	Manigua	pozo excavado en lecho de cauce y equipado con bomba de mecate
18	686475	1340842	421	Don Víctor Martínez	S/D	8.63	Los Martínez (Sector 2)	pozo excavado en propiedad del señor Victor Martinez, equipado con bomba de mecate, pozo seco.
19	686280.191	1340003	281	Don Marcelino Jirón	5.6	6.8	Los Martínez (Sector 2)	Pozo excavado equipado con bomba de mecate, se usaba para 2 vacas, profundidad de pozo = 6.80 m, NEA = 5.60 m, propiedad del Señor Marcelino Jiron
20	685440	1340487	206	Don Cecilio Martínez	6.15	8	Los Martínez (Sector 2)	pozo excavado equipado con bomba de mecate.

S/D: Sin dato (Pozo seco) / NEA: Nivel estático del Agua respecto a la superficie.
Fuente: Elaboración propia del consultor (2016).

Proyecto Agua y Saneamiento en comarca Piedras Grandes No.2, Juigalpa

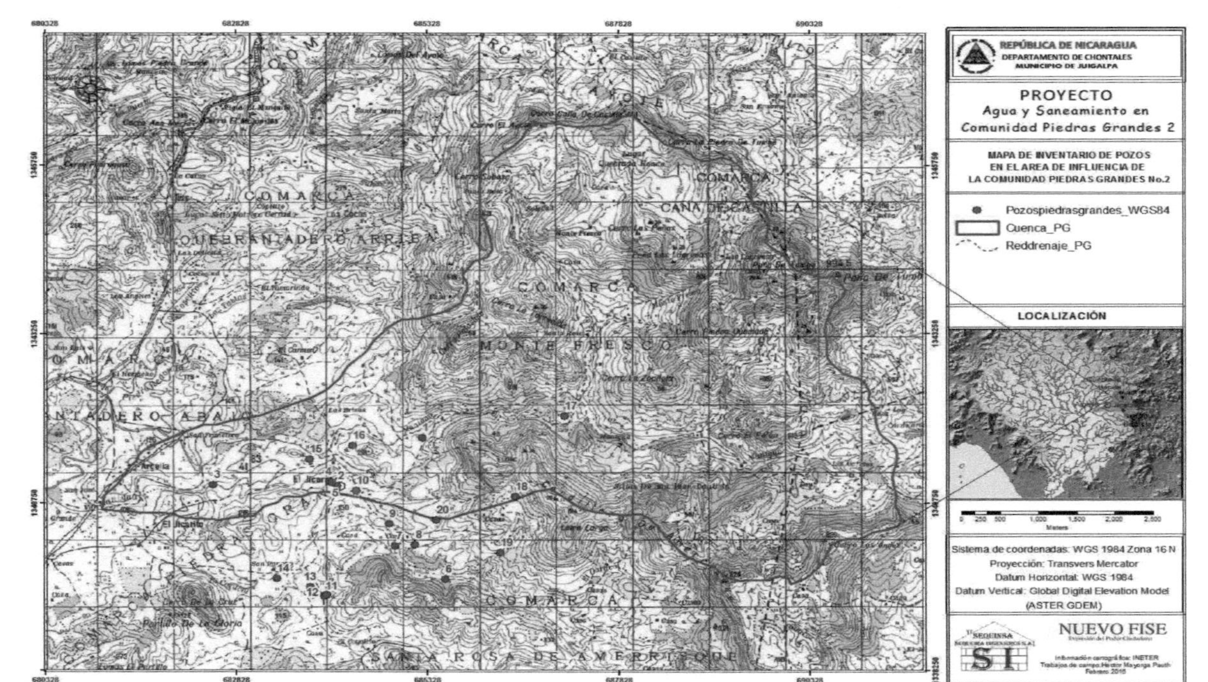

Mapa 1: Mapa de ubicación de los pozos excavados y perforados visitados.
Fuente: Elaboración propia del consultor (2016) a partir de visitas de campo y utilizando hoja geodésica No.3152-III editada por INETER. Escala: 1:5000.

5.1 Análisis de los pozos de la zona

En base a la campaña de campo realiza en el área de influencia de la comunidad Piedras Grandes No.2, se observó que la mayoría de los pozos tanto excavados como perforados se encuentran en la parte baja de la cuenca tal a como se muestra en el Mapa 1. Se constató que la mayoría de los pozos excavados no superan los 20m a excepción del pozo de Don Alexis Hernández (Sector 1 El Jicaral) que tiene una profundidad de 21m, respecto a los pozos perforados estos tienen una profundidad de 60m como máximo.

Dos de estos pozos excavados en la parte alta de la cuenca, se hicieron en el lecho de dos vaguadas o quebradas que están secas las cuales no representan un potencial significativo (Cipriano Salablanca y Victoria Salablanca).

En base a la ubicación topográfica, geología, área visual de recarga y profundidad del inventario de los pozos, se seleccionaron los siguientes pozos para realizarles prueba de bombeo para conocer su potencial real, los cuales fueron los siguientes:

Pozo No.1 Dueño: Comunal, Ubicación: Detrás de capilla

De estos tres pozos de acuerdo a la campaña de prueba de bombeo realizada, el que demostró mejor rendimiento fue el Pozo No.1 con un caudal en promedio de 10 GPM (Análisis pendiente en capítulo de Hidrogeología). Por lo que representa la mejor fuente de los pozos bombeados (Imagen 1).

Imagen 1: Pozo perforado ubicado en terreno comunal, perforado y equipado con bomba de mecate por CARITAS en el año 2002 aprox.

Consideraciones a ser tomadas en cuenta:

- Pozo de vieja data, por lo que no se sabe su calidad constructiva. Construido en el año 2002 según información de los lugareños.

- Representa la principal fuente de abastecimiento para la comunidad en la parte baja de la cuenca. Para conocer el verdadero potencial del acuífero del que se abastece el pozo, se recomienda realizar una prospección geofísica para conocer el verdadero espesor saturado hasta donde se podría aprovechar en una perforación (Sólo en caso de ser utilizada como fuente alternativa complementaria).

Pozo No.15 Dueño: Wilmer Fernández, Ubicación: El Jicaral, a 80m del Rio Manigua

Luego en segundo lugar el que demostró un mejor rendimiento fue el de Don Wilmer Fernández el cual se bombeo a 2.40 GPM rebajando sólo 0.62m. (Detalles de la prueba en capítulo de Hidrogeología), esta fuente podría proyectarse como una alternativa complementaria para satisfacer la demanda de la localidad (Imagen 2).

Imagen 2: Pozo excavado ubicado en terreno privado del Sr. Wilmer Fernández.

Consideraciones a ser tomadas en cuenta:

- Pozo excavado de baja profundidad (9.35m), por lo que no se sabe el verdadero potencial de la zona de recarga y no se aprovecha más el probable espesor saturado del acuífero.
- Sólo se pudo probar a un caudal máximo de 2.40 GPM debido a su baja profundidad.
- Ubicado en propiedad privada (Finca perteneciente al Sr. Wilmer Fernández).

Pozo No.2 Dueño: Comunal, Ubicación: Contiguo a propiedad de Doña Erenia

En tercer lugar quedó relegado el pozo No.15 (Imagen 3) ya que no logró estabilizarse durante la prueba de bombeo realizada a 2.50 GPM (Detalles de la prueba en capítulo de Hidrogeología)

Consideraciones a ser tomadas en cuenta:

- Pozo de vieja data
- Ubicado contiguo de corrales de ganado y el nivel estático está relativamente cerca de 13m de profundidad.
- Bajo rendimiento, no se logró estabilizar durante el tiempo de bombeo 2 horas, aún considerando que es un pozo perforado de 60m de profundidad, por lo que se descarta a ser utilizado como fuente de abastecimiento.

Imagen 3: Pozo perforado por proyecto CARUCA y equipado con bomba de mecate por CARITAS

5.1 Análisis de las fuentes superficiales de la zona

De acuerdo a la visita de campo realiza en el área de influencia de la comunidad Piedras Grandes No.2, y dentro de la cuenca de drenaje del Rio Manigua, se observó que la mayoría de las quebradas se encuentran totalmente o parcialmente secas con algunas pequeñas pozas intermitentes que no representan una fuente de abastecimiento para la comunidad.

A excepción del punto de descarga de la cuenca en estudio, que se encuentra retirado del centro de la comunidad. El punto de captación más viable respecto a las quebradas es el afluente Monte Fresco **(Número 4 en la tabla de inventario)** el cual según aforo volumétrico realizado a finales del mes de Enero dio como resultado un caudal de **0.607 Lt/s** siendo un valor muy por encima de cada uno de los manantiales inventariados (Imagen 4).

Imagen 4: Quebrada ubicada en Monte Fresco.

Consideraciones a ser tomadas en cuenta:

A pesar que la Fuente principal en la parte alta de la cuenca y de las fuentes superficiales, está ubicada en la **quebrada del afluente Monte Fresco**. Esta se encuentra en una posición topográfica más baja que algunas casas por lo que hay que evaluar operativamente esta alternativa, sin embargo al momento de la redacción de este informe la fuente ya se ha secado, solamente quedando algunas pozas, según información de visita de campo.

De acuerdo a visita de campo y a relatos de los lugareños, la quebrada en mención es suceptible al arrastre de rocas de considerable tamaño por lo que habría que adoptar medidas de protección para el sistema de captación (Imagen 4).

Respecto a la calidad del agua en los meses donde el verano es más intenso hay depósito de hojas sobre la quebrada según versión de lugareños, lo cual aumenta la carga de materia orgánica sobre el agua influyendo esto en su sabor.

Adicionalmente se realizaron aforos volumétricos a la mayoría de los manantiales, más sin embargo estos no representan una fuente importante a ser tomados en cuenta **para un sistema típico de fuente-red-almacenamiento**, dadas las condiciones topográficas de los lugares y el muy bajo rendimiento que tienen, por lo que habría que evaluar socialmente si funcionan como sistemas de captación independiente y mejoras las condiciones de almacenamiento e higiene de los manantiales No.3, 5 y 6 del inventario de fuentes superficiales.

Tabla 2: Inventario de pozos manantiales visitados.

No.	Este	Norte	Elevacion	Dueño	Caudal (Lt/s)	Sector	Observaciones
1	684176	1311837	128	Don Pavel Molina	S/D	El Jicaral	Surgimiento de manantial, captado en pequeña pila cercano a propiedad de Pavel Molina, no hubo condiciones para hacer aforo. No se observo que hubiera un aporte significativo.
2	687379	1342269	239	Don Augusto Porta	0.038	Cerca de afluente Manigua	Surgimiento de pequeño manantial de muy bajo rendimiento en propiedad del señor Augusto porta fotos: 93549 - 93622
3	687555	1343152	305	Doña Lourdes Rivera	0.0299	Monte Fresco	Surgimiento de manantial en propiedad de Doña Lourdes Rivera (comarca Monte Fresco) ,
4	687509	1343183.93	291	-	0.607	Afluente Monte Fresco	Agua limpia de afluente sin sedimentos, no llega ganado a beber agua, sin embargo hay basura de hojas en el mes de Febrero que le aporta mal sabor al agua según pobladores.
5	687610	1342900	337	Don Alvaro Molina	0.095	Monte Fresco	Mucho estiercol alrededor del manantial y llega ganadoa tomar agua.
6	688758	1341950	336	Don Augusto Porta	0.031	Manigua	Afloramiento de rocas con oxidacion (color naranja), el agua tiene un sabor a hierro muy fuerte, se utiliza para consumo domestico de 5 familias.
7	687875	1341849	293	Don Hernaldo Morales	0.02592	Manigua	Se utiliza para consumo doméstico de dos familias
8	686508	1340490	365	Don José del Carmen Mar	S/D	Los Martinez	No se pudo aforar no hay condiciones y el caudal es despreciable, se utiliza para consumo domestico
9	686503	1340532	391	Don José del Carmen Mar	S/D	Los Martinez	Surgimiento de Manantial de muy bajo rendimiento (despreciable) no hay condiciones para aforo, se utiliza para ganado.
10	686395	1340076	327	Don Angel Campos	S/D	Los Martinez	Solo hay una poza, no hay condiciones para hacer aforo volumetrico, el agua se usa para ganado.
11	626006	1340818	310	Don René Ugarte	S/D	Los Martinez	Manantial sin fluir estancado, no hay condiciones para hacer aforo volumetrico, uso para vacas y domestico

Fuente: Elaboración propia del consultor (2016).

Proyecto Agua y Saneamiento en comarca Piedras Grandes No.2, Juigalpa

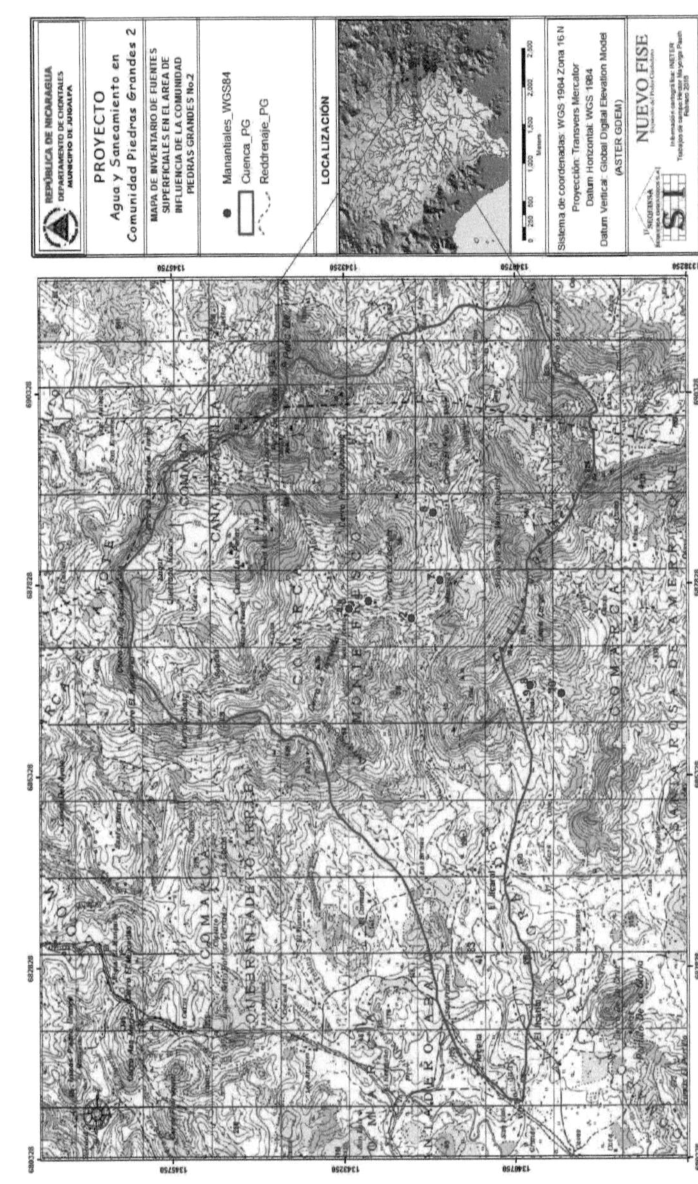

Mapa 2: Inventario de fuentes superficiales (Gran mayoría corresponde a manantiales) visitadas. Fuente: Elaboración propia a partir de visitas de campo y utilizando hoja geodésica No.3152-III editada porINETER.Escala:1:50,00.

H. Pauth

VI.   Estudio de la subcuenca
6.1 Ubicación de la cuenca de estudio

En su Macro-localización, la mayor área de influencia de la comunidad de Piedras Grandes 2 se encuentra dentro de la microcuenca del Rio Manigua que a su vez está ubicada en la zona media alta de la cuenca del Río Mayales. Esta subcuenca se encuentra localizada dentro de la región central de Nicaragua y es parte de la Macro cuenca 69 o Cuenca del Rio San Juan.

De acuerdo a datos del INETER, la cuenca del Río Mayales se encuentra a su vez subdividida en seis subcuencas, dentro de las cuales se incluye la subcuenca Mayales, a la cual pertenece la Microcuenca del Río Manigua objeto de este estudio. La Tabla 3 muestra las características generales de cada una de las seis microcuencas.

Tabla 3: Características generales de las microcuencas de la subcuenca Mayales

Microcuenca	Área	Elevación Máxima	Elevación Mínima	Longitud	Pendiente media	*Tiempo de concentración	
	Km²	msnm	msnm	km	%	min	horas
Mayales	412.9	661	60	42.96	1.4	195.58	3.26
Los Cuchumbos	70.39	540	35	34.3	1.5	161.25	2.69
Cuisalá	423.8	490	60	73.28	0.6	412.26	6.87
Apompuá	51.22	360	60	19.92	1.5	105.95	1.75
Las Delicias	35.39	160	20	9.84	1.4	62.47	1.04
Mayales parte baja	58.02	60	31.3	40.34	0.1	586.61	9.78

Fuente: ANA, "Plan de Gestión Integrada de Recursos Hídricos de la Subcuenca Mayales".

En su micro localización, como ya se ha mencionado previamente, la microcuenca del Río Manigua se encuentra específicamente dentro del área de drenaje de la subcuenca Mayales y sirve de afluente del río Carca.

En el Mapa 3 se muestra la Macro localización y micro localización de la sub-cuenca mayales y sus microcuencas así como de la comunidad Piedras Grandes 2 la cual es el objeto de este estudio. Los límites de la cuenca hidrográfica en estudio se establecieron con base en la hidrografía de la zona que se identifica en los mapas cartográficos vigentes editados y publicados por el INETER.

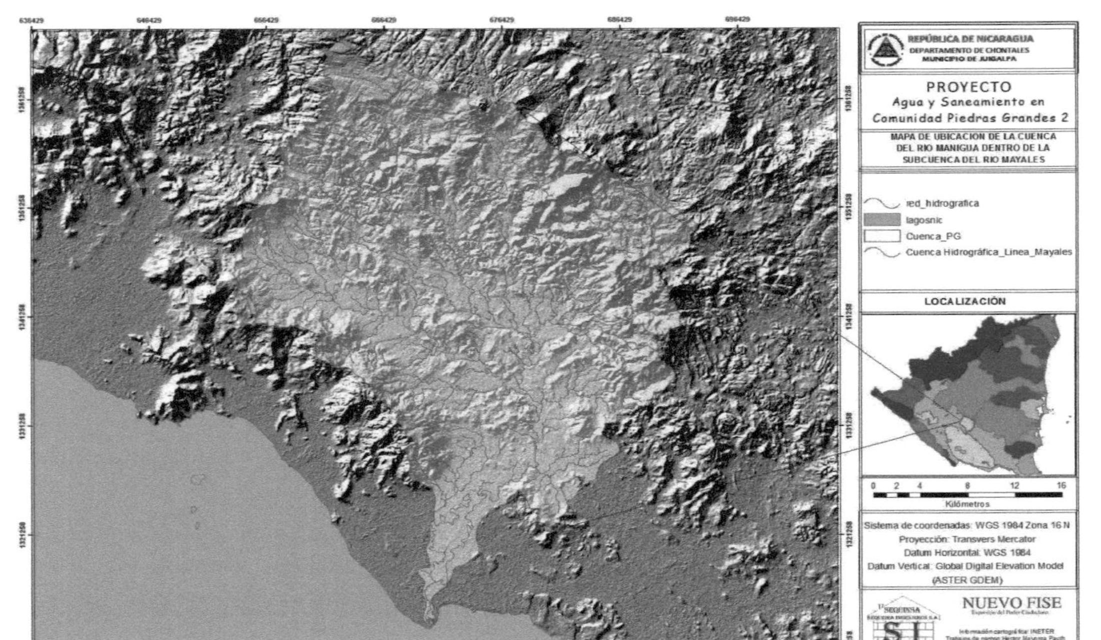

Mapa 3: Ubicación de la cuenca del Rio Manigua respecto a la Subcuenca Mayales y a la Macrocuenca No.69 (Rio San Juan).
Fuente: Elaboración propia a partir de información cartográfica de INETER y ANA-GIZ PGIRH Sub-cuenca Mayales (2015).

6.2 Características físicas de la microcuenca del Río Manigua.

La microcuenca del Río Manigua (Mapa **4**) consiste en una cuenca ligeramente alargada exorreica que drena hacia el rio carca y es parte de la cuenca del Río Mayales. De acuerdo al número de corrientes que existen en la microcuenca, el Río Manigua se define como una corriente de tercer orden.

En lo sub-acápites siguientes se definen los diversos parámetros geomorfológicos de la microcuenca del Río Manigua.

6.2.1 Parámetros Físicos de la microcuenca del Río Manigua

a. Área y perímetro de la microcuenca del Río Manigua

A través de la elaboración de mapas utilizando herramientas de ArcGis, se ha determinado que el área aproximada de la microcuenca del Río Maniguas es de $35.69 km^2$ y su perímetro de unos 30.40km.

b. Coeficiente de Gravelius y factor de forma

Estos parámetros son responsables en gran parte del comportamiento de las crecientes de la cuenca. El coeficiente de Gravelius (kc) no es más que la relación que existe entre el perímetro de la cuenca y el perímetro de un círculo de área igual al de la cuenca. En cuanto al coeficiente de forma (kf), este es la relación entre el ancho medio de la cuenca y su longitud. Cuanto menor sea el coeficiente de forma, la cuenca estar sometida a menos crecidas.

Las ecuaciones para determinar ambos coeficientes se muestran a continuación.

$$kc = 0.28\frac{P}{\sqrt{A}} \qquad\qquad kf = \frac{B}{Lc} = \frac{A}{Lc^2}$$

Donde:

P: perímetro
A: área
Lc: Longitud de la Cuenca
B: Ancho medio de la cuenca

Para este caso de la microcuenca del río Manigua se encontró un coeficiente de Gravelius (kc) de 1.43 y un coeficiente de forma (Kf) de 0.31.

c. Densidad de drenaje

Este parámetro está determinado por la relación que existe entre la longitud total de los cursos de agua dentro de la microcuenca y el área total de la microcuenca. Valores altos de este parámetro indican que las precipitaciones influirán inmediatamente sobre la descarga de los Ríos (tiempo de concentración cortos) y altas velocidades. La baja densidad de drenaje es favorecida en regiones donde el material del subsuelo es altamente resistente bajo una cubierta de vegetación muy densa y de relieve plano.

$$Dd = \frac{\sum Lci}{A}$$

A partir de los cálculos se determinó que la microcuenca del Río Manigua tiene un factor de densidad de drenaje de 0.94, lo cual da pautas para poder conocer de ante mano que el comportamiento de la influencia de la lluvia será severa, con tiempos de concentraciones sumamente cortos.

d. Coeficiente de torrencialidad Ct (Ríos/km²)

Índice que mide el grado de torrencialidad de la cuenca, por medio de la relación del número de cauces de orden uno con respecto al área total de la misma. A mayor magnitud, mayor grado de torrencialidad presenta una cuenca. Se utiliza principalmente para estudios de máximas crecidas, por lo que da un índice de las características físicas y morfológicas de la cuenca.

$$Dd = \frac{N\acute{u}mero\ de\ cauces\ de\ orden\ 1}{A}$$

Este coeficiente Ct para la microcuenca Río Manigua en estudio es de aproximadamente 0.336.

e. Tiempos de Concentración

Este parámetro se usa para estimar el tiempo de viaje de una gota de agua de lluvia que escurre superficialmente desde el lugar más lejano de la cuenca hasta el punto de salida. Para su cálculo es recomendable emplear varias ecuaciones empíricas disponibles en la literatura científica, por lo menos cinco. A continuación se presenta en la Tabla 4 los diferentes métodos aplicados y sus resultados para la microcuenca del río Manigua. Finalmente se promedió el valor de los Tc encontrados con cada método excluyendo los valores extremos. De esta manera el tiempo de concentración de la microcuenca es de aproximadamente 1.34 horas

Tabla 4: Valores de tiempo de concentración para la microcuenca Manigua

Ecuación	Tc (horas)	Aceptable
CSC Ranser	0.710	si
California Culvert Practice (1942)	1.006	si
Kirpich (1942)	1.091	si
Temez (1978)	1.229	si
Giandotti	1.723	si
V.T.Chow	0.990	si
Clark	5.934	No
Ventura - Heron (1949)	1.206	si
Passini	2.80	si
Promedio	**1.34**	

Fuente: Elaboración propia.

6.2.2 Geomorfología y Topografía

Desde el punto de vista topográfico la cuenca del Rio Manigua, presenta grandes elevaciones y un relieve montañoso y accidentado en su parte parta alta, en donde se localizan cerros que forman parte de la cordillera Amerrisque, la cual funciona como parteaguas de la cuenca en estudio. Para conocer las características topográficas y geomorfológicas fue necesario elaborar un mapa topográfico a partir del modelo elevaciones ASTER DEM de 30mX30m del cual se generaron las curvas de nivel con una equidistancia de 20m información básica para generar el mapa de pendientes (Mapa **5**) del cual se generó información para el cálculo de la recarga hídrica de la cuenca en estudio.

La cuenca en sus partes más accidentadas topográficamente hablando presente valores de pendientes desde los 34 a 60% luego en la parte que corresponde más a las llanuras y valles, varía desde el 20 al 34%

Topográficamente, la cuenca presenta elevaciones alrededor de los 900m en su parte más alta, luego alrededor de los 200m en su parte media y finalmente alrededor de los 100m en su parte más baja. A partir de la información topográfica se elaboró a través de SIG un mapa geomorfológico que permitiera clasificar los límites de la cuenca en estudio en: Alta, Media y Baja. (Mapa **6**). Respecto a la región geomorfológica clasificada como Alta, la topografía oscila entre los 982m a los 681m, la clasificada como media oscila entre los 681m y los 380m, la clasificada como baja, oscila entre los 380m y los 79m.

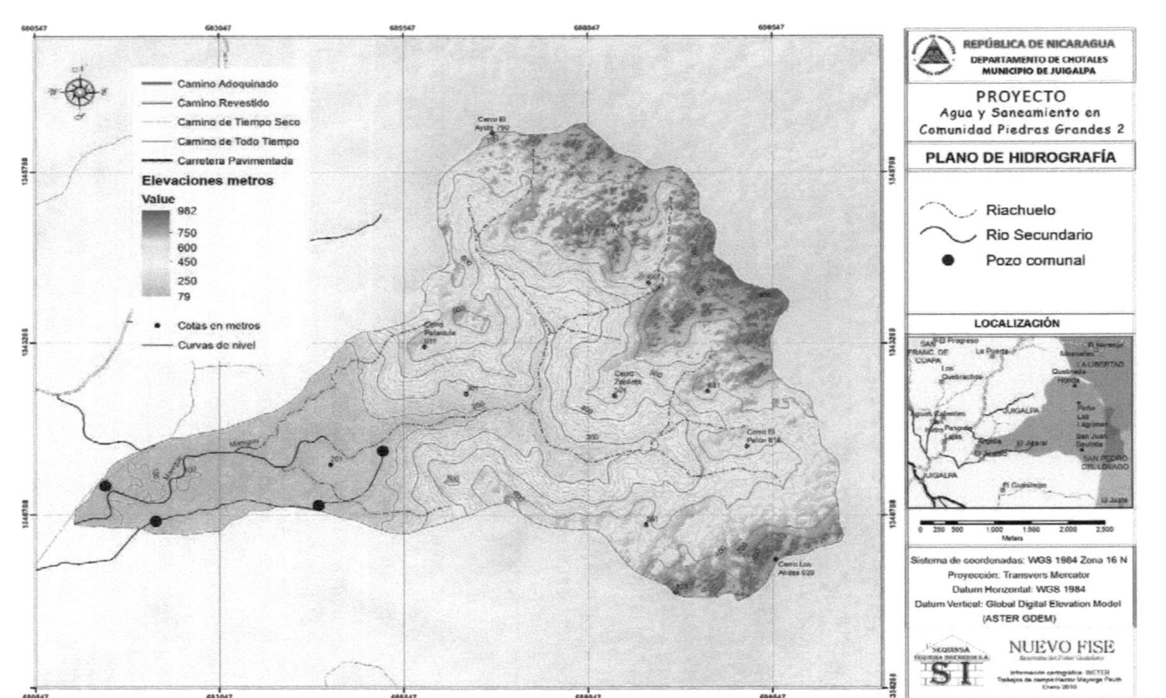

Mapa 4 : Mapa hidrográfico de la cuenca del Rio Manigua, delimitado a partir de modelo de elevación digital a través de SIG. Fuente: Elaboración propia del consultor (2016).

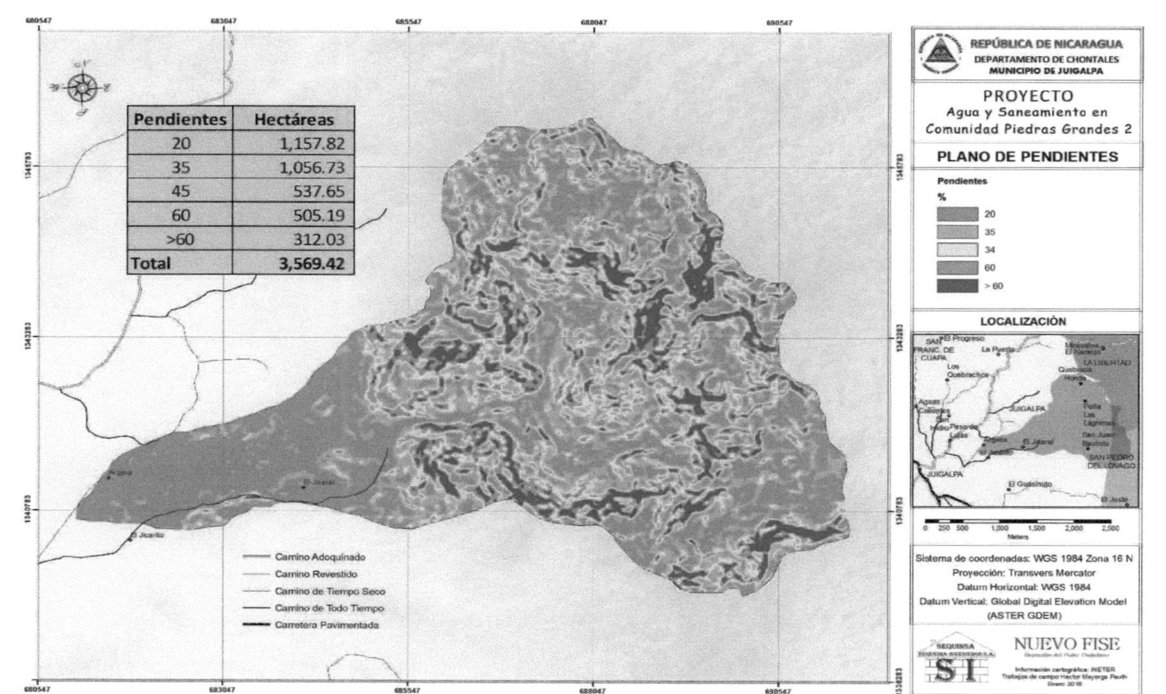

Pendientes	Hectáreas
20	1,157.82
35	1,056.73
45	537.65
60	505.19
>60	312.03
Total	3,569.42

Mapa 5 Mapa de pendientes de la cuenca del Rio Manigua, delimitado a partir de modelo de elevación digital a través de SIG.
Fuente: Elaboración propia del consultor (2016).

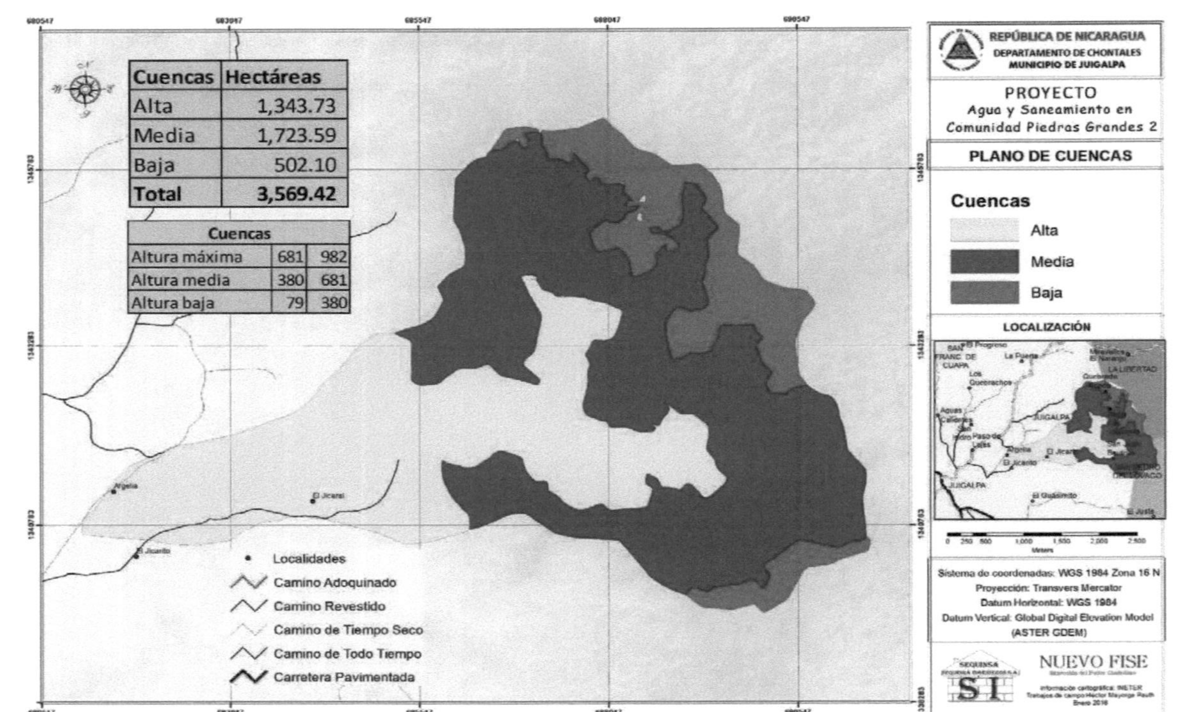

Mapa 6   Mapa de características geomorfológicas de la cuenca del Rio Manigua, delimitado a partir de modelo de elevación digital a través de SIG. Fuente: Elaboración propia del consultor (2016).

VII.   Climatología de la zona de estudio.

La determinación de las características climáticas de la zona de estudio se realizó en base a un análisis de los datos meteorológicos existentes y registrados en la estación meteorológica más cercana al área de estudio. En este caso las estaciones meteorológica más cercana a la cuenca del Rio Manigua corresponden a la estaciones meteorológica de Juigalpa y La Libertad, las cual tiene un registro de más de 50 y 49 años que van desde 1960 a 2015 y 1962 a 2007 respectivamente. La Tabla 5 y La Tabla 6   muestran los datos descriptivos de dicha estación.

Tabla 5: Datos generales de la estación meteorológica de Juigalpa

Estación:	JUIGALPA / JUIGALPA	Código:	69034
Departamento:	JUIGALPA	Municipio:	JUIGALPA
Latitud:	12°06'00"	Longitud:	85°22'00"
Años:	1960-2015	Elevación:	90 msnm

Tabla 6 Datos generales de la estación meteorológica de La Libertad

Estación:	LA LIBERTAD/ LA LIBERTAD	Código:	61021
Departamento:	JUIGALPA	Municipio:	LA LIBERTAD
Latitud:	12° 12' 30" N	Longitud:	85° 10' 36" W
Años:	1962-2007	Elevación:	467 msnm

7.1 Clasificación climática

En base al mapa meteorológico de clasificación del clima Koppenn para Nicaragua, el área de estudio se encuentra en una zona climática clasificada como Clima de Sabana" o "Clima caliente y sub-húmedo con lluvias en verano, tal como se muestra en el Mapa 7

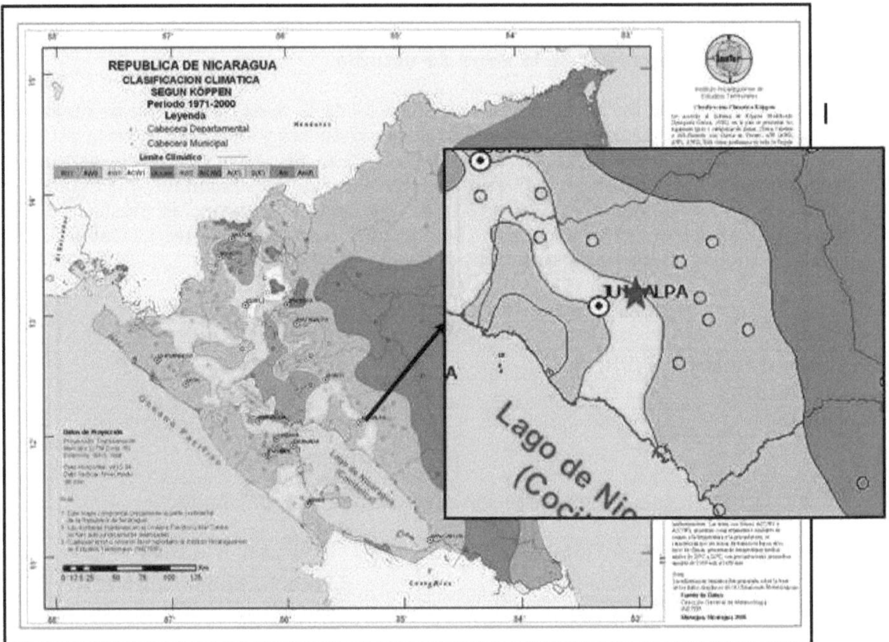

Mapa 7: Mapa de clasificación climática
Fuente: Mapa modificado a partir de mapa del clasificación climática del INETER

Por otro lado, de acuerdo a los datos de la estación meteorológica de Juigalpa, y luego de seguir la metodología de Koppen, el área de estudio se ubica dentro de la clasificación climática **AW1(w) igw** tal como se muestra en la Tabla 7.

Este tipo de clima es característico en la zona del pacifico y en las estribaciones del macizo central donde se encuentra la zona de estudio. El rasgo principal del régimen de precipitación, es que los máximos mensuales de precipitación ocurren en el verano astronómico (Junio – Agosto). Sin embargo, en la zona de Juigalpa este se presenta durante los meses de agosto a octubre. La precipitación anual máxima en este tipo de clima es cerca de 2000mm y mínima de 700mm a 800mm con temperaturas medias entre 21 grados Celcius y 30 grados Celsius.

Tabla 7: Clasificación climática en base a Koppen

Datos Meteorológicos	Parámetros de la metodología de Koppen	
Tm=26.71ºC	Awo si P/T = 43.2mm humedad	Cálido subhúmedo de menor humedad
Pm=1,138.73mm	AW1 si 43<P/T<55.3mm	Cálido subhúmedo Intermedio
P/T= 43.54mm	Aw2 siP/T>55.3mm	Cálido subhúmedo de mayor humedad
Dos estaciones lluviosas separadas por una temporada seca.	**w¨**: dos estaciones lluviosas separadas por una temporada seca corta en el verano (canícula) y una larga en la mitad fría del año (noviembre). **(w):** Porcentaje de lluvia invernal menor del 5% del total anual. **S(X):** Porcentaje de lluvia invernal menor del 36%. **X:** Régimen de lluvia uniformen te repartida en el año. **A(C):** Tendencia Climática al grupo C.	
Variación de temperatura de 2.7ºC	**i:** Oscilación menor de 5°C. **(i):** Oscilación comprendida entre 5°C y 7°C. **(e):** Oscilación comprendida entre 7°C y 14°C.	
Temperatura máxima ocurriendo en Mayo, antes del mes de junio	**g**: Temperatura Media Máxima antes del mes de junio.	

7.2. Régimen de precipitación

Para establecer el régimen de precipitaciones en la microcuenca se realizó un rellenado de datos a los registros de las estaciones más cercanas, la de Juigalpa y la de la libertad. El rellanado de datos se realizó empleando el programa Calculo Hidrometeorológico de Aportaciones y Crecidas (CHAC) y ponderando las precipitaciones considerando un 60% de influencia de la de Juigalpa y un 40% de la de la Libertad sobre la microcuenca.

De acuerdo a dicho registro histórico de datos de precipitación de 55 años (1960 - 2015), en la zona de estudio la precipitación media anual es de aproximadamente

1,352.80mm. Lo cual coincide con lo establecido en la clasificación climática de Koppen descrita previamente. Se puede observar en la Figura 1 que la tendencia de las precipitaciones a lo largo de más de 50 años ha ido incrementando gradualmente, lo cual puede ser atribuido a los efectos de cambio climático.

Con respecto a los años más secos presentados en el registro histórico los menores valores registrados en la estación corresponden a los años 1967, 1972, 1987, 1994, 1997, 2007 y 2015, que indican intervalos de recurrencia de 5 a 7 años que pueden ser además atribuidos a los efectos de El Niño.

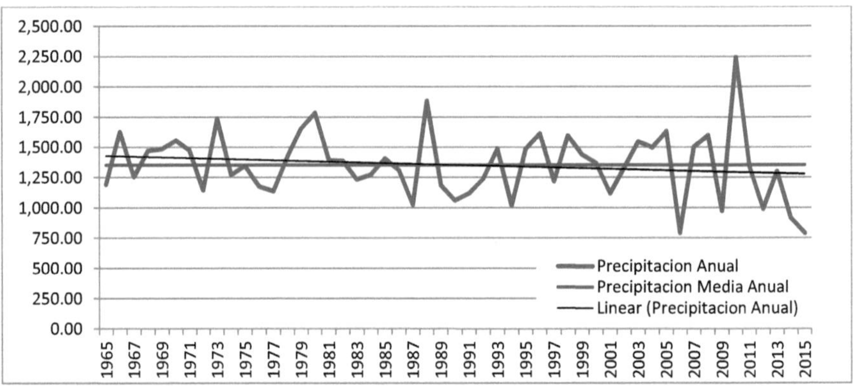

Figura 1: Precipitaciones medias anuales de Juigalpa (Período 1972 - 2010).
Fuente: Elaboración propia.

7.2.1 Escenario de precipitación actual

Debido a que la comunidad de Piedras Grandes se encuentra dentro de la región central de Nicaragua, esta se caracteriza por presentar dos periodos de precipitación bien marcados: El lluvioso de Mayo a Octubre y el seco de Noviembre hasta Abril.

Dentro de la marcha anual de las precipitaciones en la zona se observa que éstas aumentan a partir de Mayo, alcanzando el máximo acumulado mensual de precipitación en los meses de Agosto a Octubre, para luego disminuir en el resto de los meses del año.

En la Figura 2 se presenta el comportamiento medio mensual de las precipitaciones ocurridas desde 1960 en la zona de estudio de acuerdo a la estación meteorológica de Juigalpa. De igual manera la figura muestra las precipitaciones mínimas y máximas alcanzadas en todo el periodo. La precipitación mínima y máxima ocurrida en la zona son de aproximadamente 0.1mm en los meses de febrero a Marzo y de 643.40mm en uno de los meses de agosto, respectivamente en el periodo.

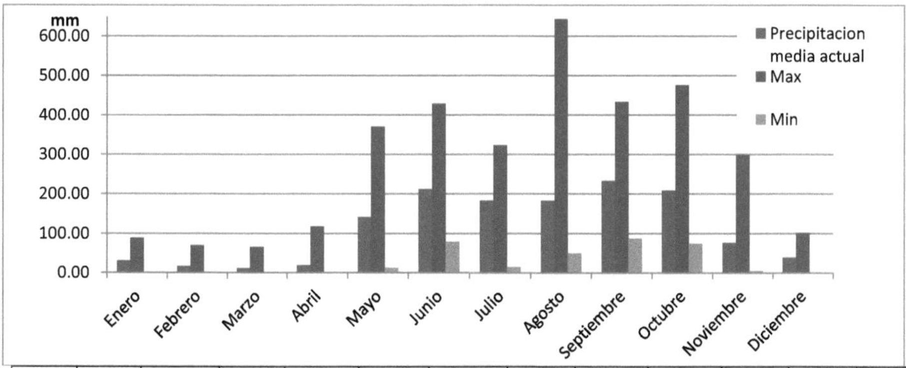

Año	Enero	Febrero	Marzo	Abril	Mayo	Junio	Julio	Agosto	Sept.	Oct.	Nov.	Dic.
Media	29.90	16.72	11.22	18.73	141.02	212.33	182.83	182.83	233.16	208.56	76.80	38.70
Max	88.30	70.20	66.40	118.00	369.90	428.80	322.70	643.40	433.90	476.60	298.60	102.00
Min	0.50	0.40	0.10	0.10	12.60	79.30	14.40	49.00	87.00	74.30	4.60	0.50

Figura 2: Precipitaciones medias mensuales de Juigalpa.
Fuente: Elaboración propia

7.2.2 Escenario de precipitación futura

Tomando en consideración la página No.18 de los TDR facilitados por el Nuevo FISE, al analizar la tendencia de los efectos del cambio climático y considerando estudios previos realizados en la zona sobre Análisis de riesgo de las fuentes de agua ante el Cambio climático en comunidades rurales, en el municipio de Juigalpa, Chontales. Se estima que para el año 2050 se produzca un cambio en el régimen de precipitación. Dicho cambio tendrá una influencia en la reducción de 2mm en la precipitación media anual la cual es poco significativa. En la Figura 3 se muestra dicha reducción principalmente en los meses de junio y septiembre.

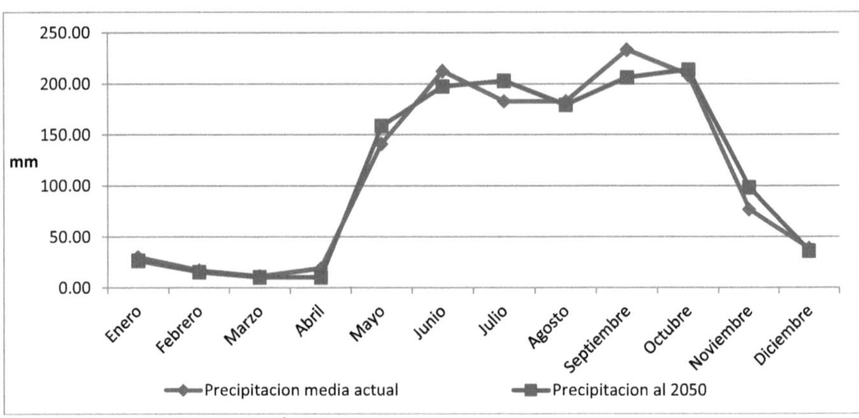

Figura 3: Escenario de precipitación futura.
Fuente: Elaboración propia

7.3 Temperatura

7.3.1 Escenario de temperatura actual

La temperatura media de la zona ha sido determinada a partir de los datos registrados en la estación meteorológica más cercana al área de estudio. A partir del análisis de dichos datos se determinó que la temperatura promedio anual dentro de la microcuenca es de aproximadamente 26.71°C, con una media mínima mensual de 24.1°C registrada en los meses de septiembre y una máxima media mensual de 30.1°C en el mes de abril. En la Figura 4 se muestran los valores de temperatura media mensual en el la zona.

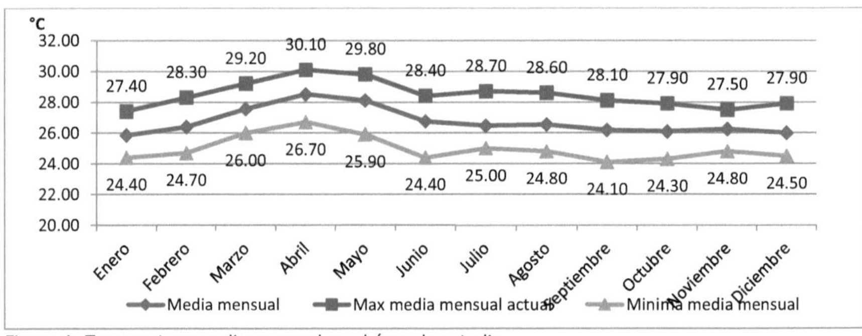

Figura 4: Temperatura media mensual en el área de estudio.
Fuente: Elaboración propia.

En general las temperaturas medias mensuales del aire más bajas en la zona ocurren durante los meses de Diciembre y Enero, con valores que varían de 17.5 °C a 22.1°C. Esto coincide con el hecho de que durante el período del 23 de Diciembre al 22 de Marzo, el Hemisferio Norte se encuentra bajo la influencia del Invierno Astronómico, período durante el cual se producen algunos frentes fríos que se proyectan hasta nuestro país, haciendo bajas las temperaturas del aire.

Así mismo, como la dirección del viento es predominante del Norte/Noreste, se genera un traslado hacia Centroamérica de las masas de aire del anticiclón frío continental, que para esas fechas afecta Norteamérica. En la Figura 5 se muestran los valores promedios de las temperaturas mínimas mensuales en la zona de estudio.

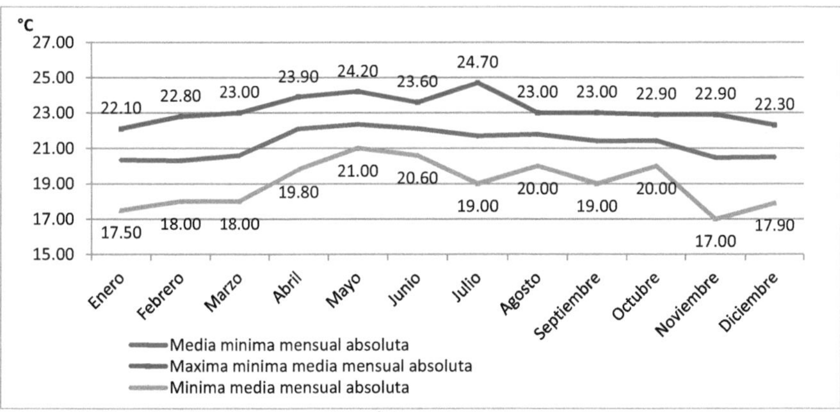

Figura 5: Temperaturas medias mensuales mínimas absolutas.
Fuente: Elaboración propia

Por otra parte, las temperaturas medias mensuales más altas que se presentan en la zona ocurren durante el mes de abril con valores que varían de 32.30°C a 39.20°C. Durante el período de Junio a Noviembre, que se presentan los mayores acumulados de precipitación, en la zona, se observa que las diferencias de las temperaturas a nivel mensual, son menores que durante los otros meses del año. La Figura 6 se muestran los valores promedios de las temperaturas máximas mensuales en la zona de estudio.

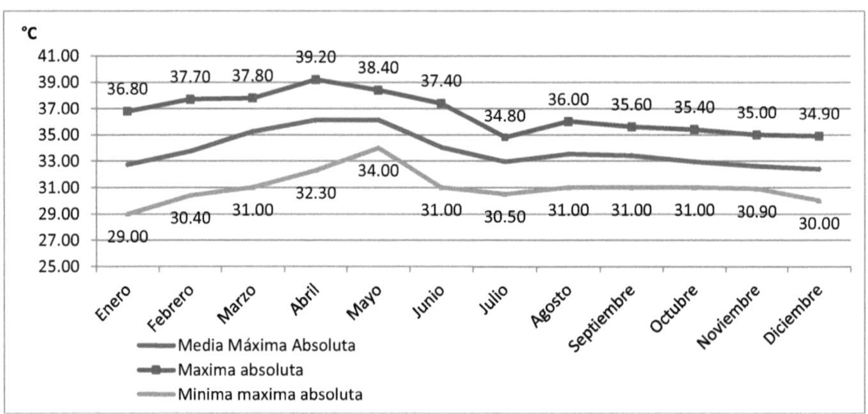

Figura 6: Temperaturas medias mensuales máximas absolutas.
Fuente: Elaboración propia

7.3.2 Escenario de temperatura al 2050

En el escenario de la temperatura futura en el área de estudio, teniendo como base el estudio de Análisis de riesgo de las fuentes de agua ante el cambio climático en comunidades rurales, en el municipio de Juigalpa, Chontales se ha encontrado que la temperatura media en la microcuenca se incrementara en aproximadamente 2°C. Lo cual es bastante significativo para afectar el balance hídrico del suelo al incrementar la evapotranspiración. En la Figura 7 se puede observar el incremento de temperatura que se espera ocurra para el año 2050. Dicho incremento se ve que ocurrirá principalmente en los meses Julio a Diciembre.

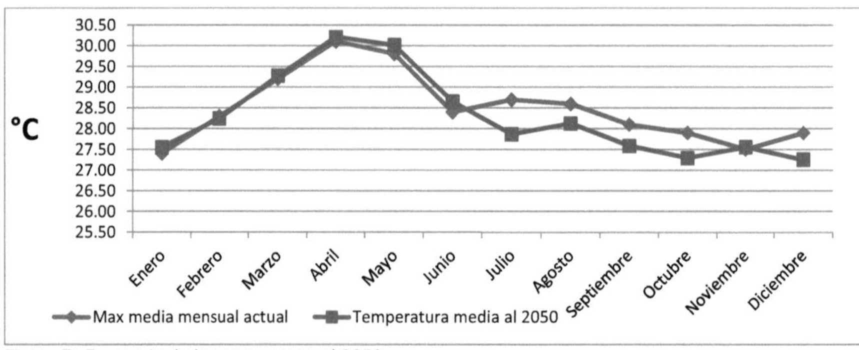

Figura 7: Escenario de la temperatura al 2050.
Fuente: Elaboración propia.

7.4 Humedad Relativa (mg/m3)

La humedad relativa media anual se ha estimado en 2162.38mg/m³. Sin embargo esta varía a lo largo del año al estar influida por otros parámetros como la temperatura y la precipitación. Tal como se observa en la Figura 8, los meses más húmedos son los meses con mayor precipitación que van de junio a Noviembre y los periodos menos húmedos coincide con la estación seca principalmente en los meses de febrero, marzo y abril. En general en los dos últimos años la humedad relativa media mensual en la zona se ha estimado en 75%.

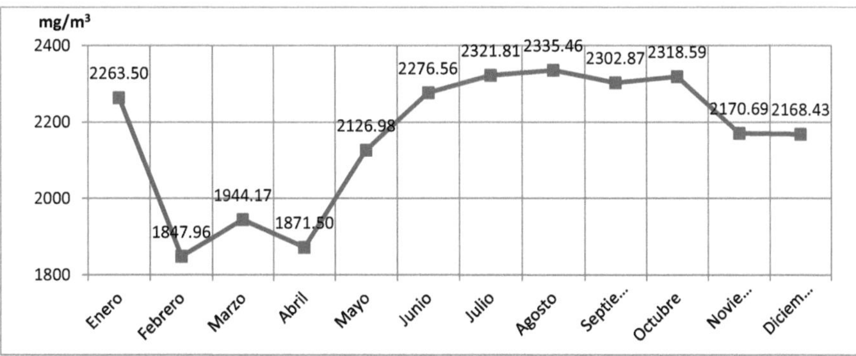

Figura 8: Humedad relativa media mensual en la zona de estudio.
Fuente: Elaboración propia.

7.5 Evapotranspiración potencial en la zona

Para la determinación de este parámetro se utilizó el procedimiento de Thornthwaite, el cual utiliza las siguientes ecuaciones para determinar la evaporización potencial.

Índice de calor mensual
$$i = \left(\frac{t}{5}\right)^{1.514}$$

Índice de calor anual que corresponde a la suma de los doce valores de i
$$I = \sum i$$

Evapotranspiración potencial sin corregir determinada para meses de 30 dias y 12 horas de sol y en base a la temperatura media mensual en grados Celsius, el índice de calor anual y un coeficiente a.

$$ETP_{\sin corr.} = 16\left(\frac{10t}{I}\right)^{a}$$

a=(675x10⁻⁹)I³ − (771x10⁻⁷)I² + (1972x10⁻⁵)I + 0.49239

Esta evapotranspiración calculad debe corregirse de acuerdo al número de días por mes (d) y el número de horas de solo por días (N) el cual depende de la latitud y se obtiene en base a tablas preestablecidas.

$$ETP = ETP_{sin\,corr.} \left(\frac{N}{12}\right)\left(\frac{d}{30}\right)$$

7.5.1 Escenario de evapotranspiración en condiciones actuales

Para el caso de la microcuenca del Río Manigua y evaluando las condiciones actuales de temperatura y precipitación se ha obtenido un valor de evapotranspiración media mensual de 141.41mm. Tal como se muestra en la Tabla 8 y en la Figura 9, la evapotranspiración que ocurre en la zona presenta una variabilidad a lo largo del año con los mayores valores de evapotranspiración ocurriendo durante los meses secos de marzo a mayo.

Tabla 8: Evapotranspiración potencial actual

	Enero	Feb.	Marzo	Abril	Mayo	Junio	Julio	Ago.	Sept.	Oct.	Nov.	Dic.
Temperatura	25.85	26.39	27.56	28.51	28.11	26.75	26.47	26.55	26.19	26.08	26.25	26.00
i	12.03	12.41	13.26	13.95	13.66	12.67	12.47	12.52	12.27	12.19	12.31	12.14
I	151.87	151.87	151.87	151.87	151.87	151.87	151.87	151.87	151.87	151.87	151.87	151.87
a	3.80	3.80	3.80	3.80	3.80	3.80	3.80	3.80	3.80	3.80	3.80	3.80
ETP sin corr.	120.80	130.67	154.06	175.09	166.02	137.57	132.04	133.57	126.81	124.94	127.95	123.47
N	11.52	11.72	12.10	12.34	12.68	12.82	12.72	12.48	12.20	11.86	11.58	11.38
d	31.00	28.00	31.00	30.00	31.00	30.00	31.00	31.00	30.00	31.00	30.00	31.00
ETP corregido	119.83	119.11	160.53	180.05	181.27	146.97	144.63	143.54	128.93	127.60	123.48	120.99

Fuente: Elaboración propia.

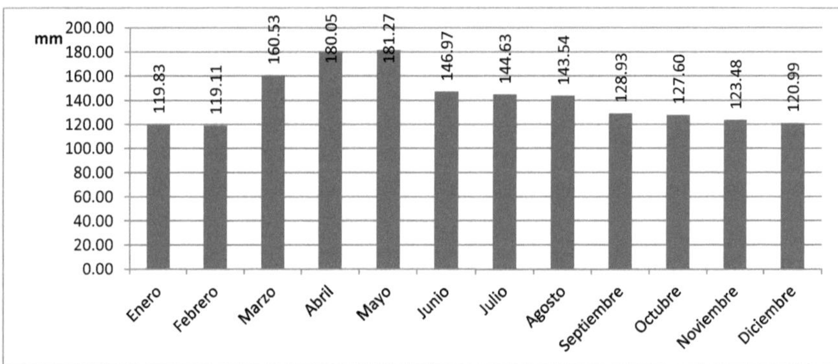

Figura 9: Evapotranspiración media mensual actual en el área de estudio
Fuente: Elaboración propia.

Al realizar una comparación entre la precipitación media mensual con la evapotranspiración media mensual ocurrida en la zona a lo largo del año, se puede observar en la Figura 10, que la evapotranspiración tiende ser mayor que la precipitación en algunos meses del año. También se puede observar que solo en los meses de Mayo a Noviembre la precipitación supera los valores de evapotranspiración.

Se estima que actualmente el ETP medio anual alcanzado en la zona es de 1,696.93 mm siendo superior que el valor de la precipitación media anual que se estima de 1,138.73mm, esto hace suponer que existe una escasez de agua en la cuenca todo el año.

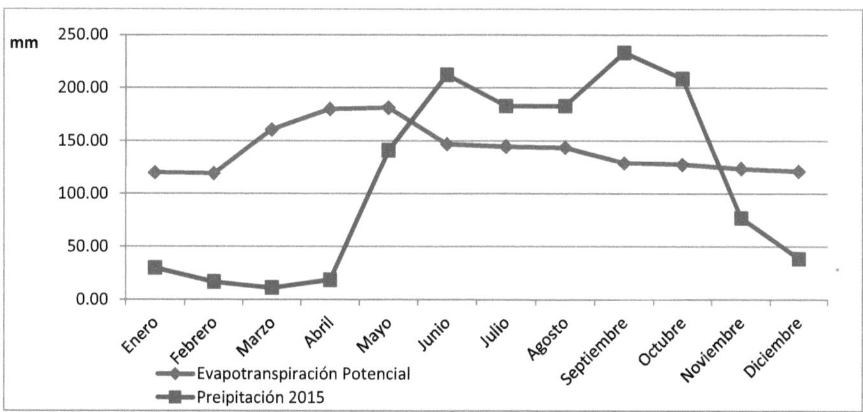

Figura 10: Relación entre la precipitación media y la evapotranspiración media mensual.
Fuente: Elaboración propia.

7.5.2 Escenario de evapotranspiración en condiciones futuras

Al analizar el posible escenario de incremento de temperatura y una mínima reducción de la precipitación en el área de la microcuenca del río Manigua, se ha encontrado que para el año 2050 se podría incrementar significativamente la evapotranspiración. Dicho incremento causara a su vez una reducción en la capacidad de recarga de los suelos. En la Tabla 9 se muestran los cálculos y en Figura 11 se muestra dicho escenario. Se observa el incremento de la evapotranspiración media mensual a lo largo del año, se estima que la ETP media mensual sea 179.56mm y una ETP anual de 2116.31mm, lo que indica un aumento de 38.15mm y 419.38mm comparado a los valores actuales de 141.41mm y 1696.93mm, respectivamente.

De igual manera en la figura se observa como la ETP supera los valores de precipitación incluso durante algunos meses en los que actualmente se encuentra por debajo, tal es el caso de los meses Junio, Julio y Agosto.

Tabla 9: Evapotranspiración potencial al 2050

	Enero	Feb.	Marzo	Abril	Mayo	Junio	Julio	Ago.	Sept.	Oct.	Nov.	Dic.
Temperatura	27.55	28.24	29.27	30.21	30.01	28.65	27.87	28.13	27.59	27.29	27.56	27.25
i	13.25	13.75	14.52	15.23	15.08	14.06	13.48	13.67	13.27	13.06	13.25	13.03
I	165.64	165.64	165.64	165.64	165.64	165.64	165.64	165.64	165.64	165.64	165.64	165.64
a	4.41	4.41	4.41	4.41	4.41	4.41	4.41	4.41	4.41	4.41	4.41	4.41
ETP sin corr.	151.14	168.57	197.41	226.75	220.31	179.64	158.85	165.50	151.93	144.96	151.25	143.99
N	11.52	11.72	12.10	12.34	12.68	12.82	12.72	12.48	12.20	11.86	11.58	11.38
d	31.00	28.00	31.00	30.00	31.00	30.00	31.00	31.00	30.00	31.00	30.00	31.00
ETP corregido	149.93	153.66	205.69	233.17	240.56	191.91	174.00	177.86	154.46	148.04	145.95	141.10

Fuente: Elaboración propia.

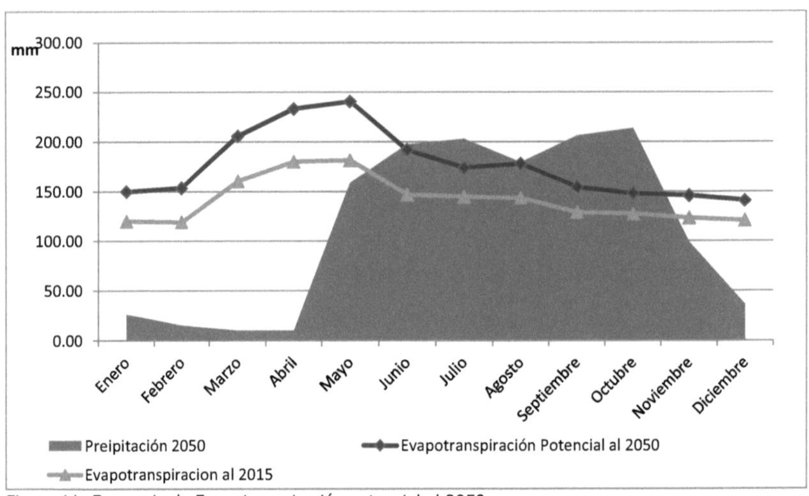

Figura 11: Escenario de Evapotranspiración potencial al 2050.
Fuente: Elaboración propia.

VIII. Mapeo geológico a escala local

Respecto al contexto geológico de la zona del proyecto, en la mayor parte alta media y algunos afloramientos en la parte baja de la cuenca está compuesto por formaciones de rocas volcánicas dacíticas-andesíticas, brechas ignimbríticas y basaltos. Las rocas duras de las formaciones volcánicas forman mesas escalonadas, colinas aisladas, mesetas y cuerpos intrusivos en la parte alta, los cuales se encuentran fuertemente fracturados producto de un tectonismo intenso ocurrido durante las formaciones geológicas Matagalpa-Coyol.

Por otra parte las rocas de menor dureza fueron erosionadas y transportadas hasta llegar a formar depósitos coluviales (Imagen 5) que llegaron a formar valles en las depresiones de la parte media y baja de la cuenca.

Imagen 5: (Punto No.8 Mapa geológico) Fotografia de Afloramiento de depositos coluviales en margen derecha de afluente del Rio Manigua, en la parte inferior interdigita con rocas ígneas, la cual represente el posible basamento. Fuente: Propia del consultor (2016). Coordenadas: 685404 (Este), 1341674 (Norte) UTM-WGS84

Imagen 6 Ampliación de fotografía donde se muestra el afloramiento de depositos coluviales en margen derecha de afluente del Rio Manigua, en la parte inferior interdigita con rocas ígneas, la cual represente el posible basamento. En esta fotografía se puede apreciar como la roca ígnea que se encuentra presente en el lecho del cauce está diaclasada en todas las direcciones, lo que indica el fuerte tectonismo que hubo en la zona. Fuente: Propia del consultor (2016). Coordenadas: 685404 (Este), 1341674 (Norte) UTM-WGS84

Durante el recorrido de la red de drenaje principal de la cuenca en estudio, se identificaron algunos puntos de afloramientos litológicos de las principales unidades geológicas que predominan en al área del proyecto. En el punto No.2 (Imagen 7) del mapa se muestra un afloramiento de roca ígnea fracturada principalmente en dos direcciones. # 1: Rumbo fractura N 40 ° O, # 2 Rumbo fractura N 70° E.

Imagen 7, Fuente: Propia del consultor (2016).

En la mayoría de los puntos de afloramientos de la parte más baja de la cuenca (Imagen 8) se lograron identificar este tipo de afloramientos que se encuentran fuertemente fracturados en varias direcciones

Imagen 8 Afloramiento rocoso del punto No. 7 mostrado en el mapa Geológico. Fuente: Propia del consultor (2016).

Respecto a la parte media-baja de la cuenca predomina un valle que ha sido rellenado con depósitos coluviales lo cual llega a constituir acuíferos de bajo a moderado rendimiento. El afloramiento de este tipo de unidad litológica se muestra en la Imagen 5.

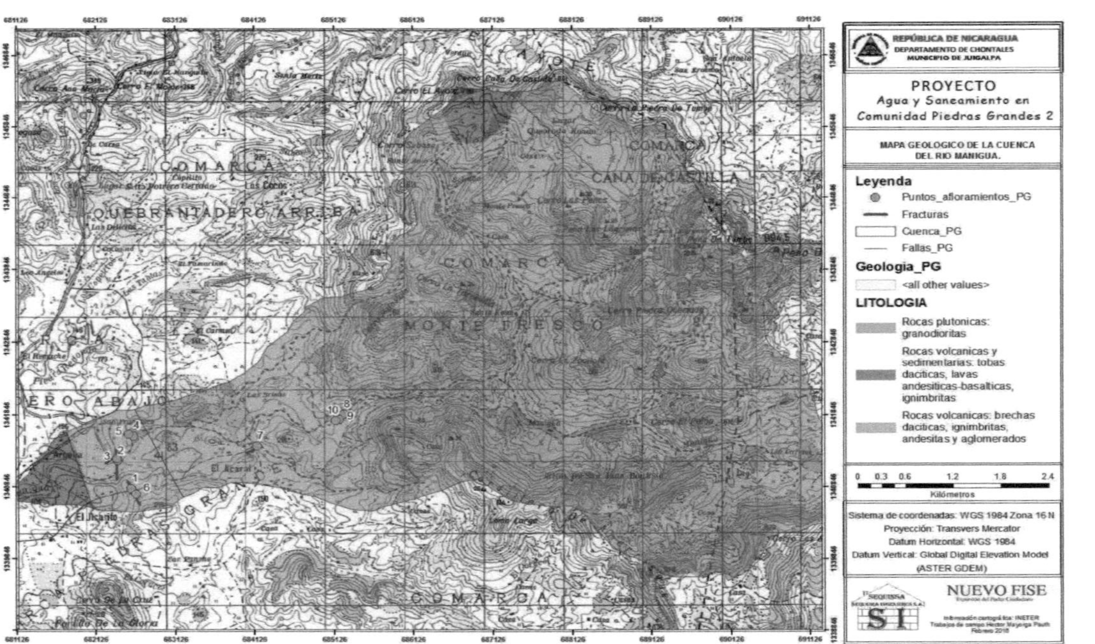

Mapa 8 Mapa Geológico del área del proyecto. Fuente: Elaboración propia del consultor (2016) a partir de visitas de campo y utilizando hoja geodésica No.3152-III editada por INETER. Escala: 1:5000.

IX.   Estimación de la recarga subterránea de la microcuenca del Río Manigua.

La recarga principal de las aguas subterráneas es la que proviene de las lluvias. De estas, una parte es retenida por la vegetación, otra parte escurre sobre la superficie del terreno, otra evapora, y otra más infiltra profundo y se almacena en un medio hidrogeológico llamado acuífero.

Para calcular dicha recarga se debe considerar las características edafológicas de los suelos y las condiciones climáticas en la zona para tal efecto, fue necesario a través de SIG diseñar un mapa que combinara estos factores (Mapa 9) . Los principales componentes en la estimación de la recarga potencial y balance hídrico son la precipitación, la evapotranspiración, pendiente topográfica, textura de los suelos, la litoestratigrafía (factor geológico) y la profundidad de raíces de los cultivos.

El procedimiento metodológico para estimar la cantidad de lluvia que infiltra, incluye la determinación en campo de la capacidad de infiltración de los suelos (fc), seguido del cálculo del porcentaje de infiltración efectiva de la lluvia, realizados a partir de ecuaciones y utilizando hojas de cálculo electrónicas.

En este caso se ha tomado en cuenta los datos de climatología descritos previamente en este documento. De igual manera este cálculo además tuve en cuenta las características del suelo, el tipo de vegetación y las propiedades de infiltración.

Para el tipo de suelo, en este cálculo se ha dividido la microcuenca por tipo de suelo y tipo de vegetación para los cuales se ha calculado un potencial de recarga individual por suelo multiplicándolo por sus áreas de cobertura respectiva y sumándolos al final para determinar el potencial de recarga total de la microcuenca. En el Mapa 9 se muestran los tipos de suelo y vegetación existente en el área de estudio.

Para los datos reales de infiltración se consideraron los resultados de las pruebas realizados en el área empleado la metodología propuesta por Schosky y Losilla y presentados en el Anexo 1 de este documento.

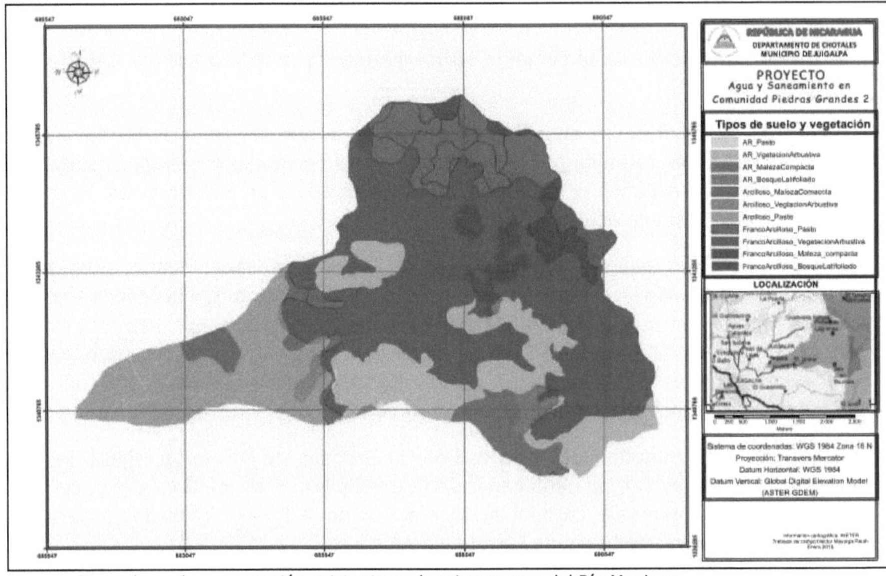

Mapa 9: Tipos de suelo y vegetación existente en la microcuenca del Río Manigua.
Fuente de datos ocupadas para la generación de capas temáticas: INETER y visitas de campo.

El cálculo del potencial de recarga subterránea de la microcuenca en estudio se ha estimado para dos escenarios, el de las condiciones actuales y el de futuro con aumentos de la temperatura medias mensuales en la microcuenca de acuerdo a lo calculado y expuesto en el capítulo de climatología del presente estudio. Dichos cálculos y sus resultados son presentados y discutidos en los acápites siguientes. Las tablas de cálculo completas se presentan además en los anexos 2 y 3.

9.1 Escenario de Recarga Potencial en condiciones actuales

El resultado obtenido para el escenario de las condiciones actuales revela que la recarga potencial en la zona es de aproximadamente 6.61Mm^3 por año, es decir un 13.75% de la precipitación anual en la microcuenca. En la Tabla 10 se presentan los resultados del balance hídrico de suelos realizado por cada tipo de suelo y la vegetación existente.

Tabla 10: Recarga potencial por suelo y tipo de vegetación existente.

Tipo de suelo	Vegetación	Área (km2)	PR anual (mm)	% de recarga	Recarga anual total (m3)
Franco Arcilloso	Bosque latifoliado	1.40	223.71	16.54%	313,199.33
	Maleza Compacta	0.97	202.33	14.96%	196,264.24
	Pasto más maleza y árboles	3.94	202.33	14.96%	797,197.01
	Vegetación arbustiva	15.74	183.51	13.57%	2,888,449.08
Afloramiento Rocoso	Bosque latifoliado	0.43	259.80	19.20%	111,714.49
	Maleza Compacta	1.23	304.71	22.52%	374,797.92
	Pasto más maleza y árboles	0.01	304.71	22.52%	4,265.99
	Vegetación arbustiva	5.57	285.07	21.07%	1,587,865.34
Arcilloso	Maleza Compacta	0.50	55.40	4.09%	27,697.75
	Pasto más maleza y árboles	5.45	55.40	4.09%	301,905.46
	Vegetación arbustiva	0.28	22.43	1.66%	6,280.27
Total		**35.52**			**6,609,636.89**
% infiltración/año					**13.75%**
Precipitación total			**1352.80**		**48,056,725.10**

Fuente: Elaboración propia.

En la Figura 12 se muestra el balance hídrico del suelo observándose que la recarga potencial del acuífero se da principalmente en los meses más lluvioso de Junio y Octubre. Se observa también que en el área existe un déficit de la capacidad de campo, lo cual se debe a las condiciones del suelo y a los factores climáticos de la zona como la evapotranspiración. Se nota que el déficit de capacidad de campo es mayor cuando la evapotranspiración es alta y la precipitación baja (meses secos de diciembre a abril). Sin embargo el déficit disminuye en los meses lluviosos (mayo a octubre) cuando debido al efecto de precipitación y disminución de temperatura, la evapotranspiración disminuye gradualmente. Es en este mismo periodo cuando el potencial de recarga aumenta también debido al efecto de mayores precipitaciones.

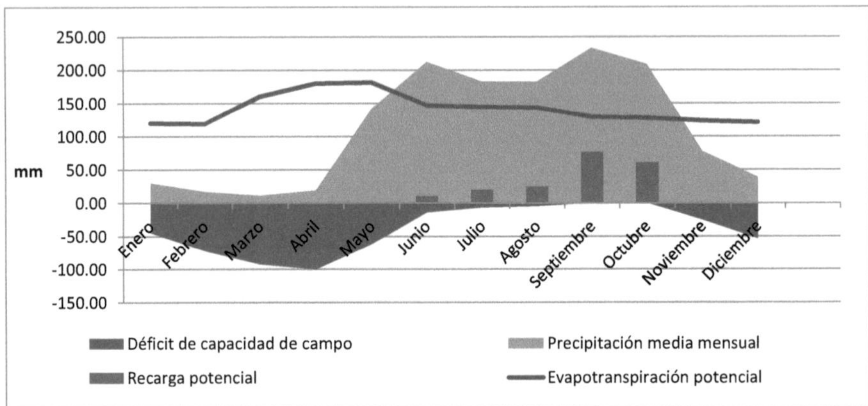

Figura 12: Balance hídrico de suelo en el área de la microcuenca del Río Manigua.
Fuente: Elaboración propia.

9.2 Escenario de Recarga Potencial en condiciones futuras

En el segundo escenario para determinar el balance hídrico del suelo futuro para el año 2050, se han empleado las mismas condiciones del suelo pero con distintas condiciones climatológicas en las que se incrementa los valores de las temperaturas por efectos del cambio climático de acuerdo a lo expuesto en el acápite de climatología del presente documento.

En este análisis de escenario se encontró que la microcuenca presentara una condición severa al tener una disminución en la recarga potencial. Esto se debe a la contribución de los cabios en las condiciones de temperatura que incrementan la evapotranspiración.

De la Tabla 11 se puede observar que para el escenario de las condiciones futuras la recarga potencial en la zona es de aproximadamente 2.63Mm^3 por año, es decir un 5.46% de la precipitación anual en la microcuenca, indicando un reducción del 60% del potencial de recarga actual estimado en 6.61Mm^3.

Tabla 11: Recarga potencial según tipo de suelo y vegetación para el 2050

Tipo de suelo	Vegetación	Área (km2)	PR anual (mm)	% de recarga	Recarga anual total (m3)
Franco Arcilloso	Bosque latifoliado	1.40	100.55	7.42%	140,775.43
	Maleza Compacta	0.97	78.51	5.80%	76,152.17
	Pasto más maleza y árboles	3.94	78.51	5.80%	309,319.14
	Vegetación arbustiva	15.74	71.92	5.31%	1,131,995.96
Afloramiento Rocoso	Bosque latifoliado	0.43	117.31	8.66%	50,444.10
	Maleza Compacta	1.23	142.20	10.50%	174,908.14
	Pasto más maleza y árboles	0.01	142.20	10.50%	1,990.82
	Vegetación arbustiva	5.57	132.98	9.82%	740,693.53
Arcilloso	Maleza Compacta	0.50	0.00	0.00%	0.00
	Pasto más maleza y árboles	5.45	0.00	0.00%	0.00
	Vegetación arbustiva	0.28	0.00	0.00%	0.00
Total		**35.52**			**2,626,279.28**
% infiltración/año					**5.46%**
Precipitación total			**1354.30**		**48,110,153.20**

Fuente: Elaboración propia.

En la Figura 13 se muestra el resultado del balance hídrico de suelo para el escenario futuro. Se observa que aunque el déficit de la capacidad de campo continua presentando un comportamiento similar al comparar con el resultado de las condiciones actuales. Sin embargo, se nota un leve incremento durante la temporada lluviosa. Lo cual se debe a que durante los meses de Mayo a Agosto los valores de la evapotranspiración sufren un ascenso debido al incremento de la temperatura y superan los valores de precipitación. Dichos valores de evapotranspiración influyen en una reducción del potencial de recarga de los suelos, los cuales son menores que la situación actual.

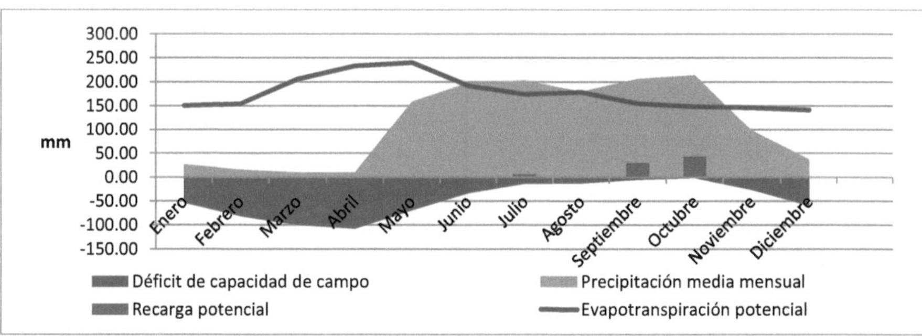

Figura 13: Balance hídrico de suelo para el 2050
Fuente: Elaboración propia.

X.   Análisis hidrogeológico

10.1 Contexto Hidrogeológico

La información sobre el agua subterránea en la Subcuenca se debe al inventario de INETER (Nov. 2009), que reúne 181 pozos y otro de la ANA GIZ (Feb. y Sept. 2013), con 89 pozos y publicaciones de ENACAL. Tenemos información sobre el nivel estático del agua (NEA), el espesor de agua, la extracción, y la composición química del agua subterránea, pero casi ninguna información sobre la litología de los acuíferos (4 pozos con datos litológicos) y sobre su permeabilidad (1 prueba de bombeo). Como consecuencia de falta de monitoreo continuo, tampoco hay datos sobre la variación del nivel estático, o sobre el nivel dinámico y en consecuencia sobre capacidad especifica. Lo que sabemos respecto a los dos últimos términos ya fue mencionado en el capítulo de geología.

10.2 Análisis de pruebas de bombeo

Como parte del estudio de las fuentes de aguas subterráneas en la zona en estudio, luego de haber realizado el inventario de pozos en el sector, se procedió a realizar 3 pruebas de bombeo en los siguietes pozos:

1-PP Comunal / Caserio El Jicaral (Contiguo a casa de Dña. Erenia)
2-PP Comunal / Comienzo de sector Los Azules (Detrás de capilla)
3- PE Privado / Caserio El Jicaral (Dentro de propiedad de Don Wilmer Fernández)

Para tal efecto se ocupó una bomba con una potencia de 1 HP.
A continuación se muestran los resultados de las pruebas de bombeo:

1-PP Comunal / Caserío El Jicaral (Contiguo a casa de Dña. Erenia)
Coordenadas UTM-WGS84: Este= 684144, Norte= 1340995, Elevación: 142m

Tabla 12

Características Constructivas	
Tipo de pozo	Perforado equipado con bomba de mecate
Diámetro del ademe	4" PVC
Profundidad del pozo	60 m

Conociendo que la zona se caracteriza generalmente por el bajo rendimiento o capacidades específicas de los pozos, se realizó primeramente una prueba preliminar con un caudal preliminar estrangulando la bomba para extraer 4.75 GPM durante 30 minutos, interrumpiéndose la prueba debido a que el nivel dinámico de aguas (NDA) estaba próximo a alcanzar el nivel de succión de la bomba, el cual estaba a los 41m, el resultado de la prueba fue que el pozo no logró estabilizarse. Los resultados de esta prueba preliminar se muestran en la Figura 14, los datos del registro de la prueba se muestran en el Anexo 4.

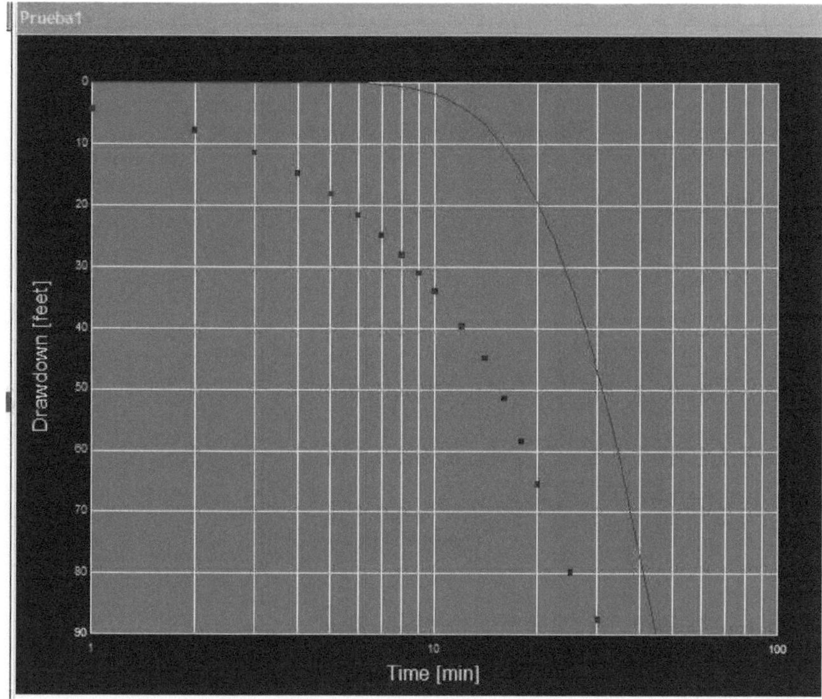

Figura 14 Gráfico de abatimientos o descensos contra tiempo de bombeo. Fuente: Elaboración propia del consultor (2016) a través del software GWW.

Por las razones ya expuestas, debido a que la prueba de bombeo preliminar tuvo una duración de 30 minutos no se logró alcanzar el primer ciclo logarítmico representativo que permitiera definir con certeza el cálculo del valor de transmisibilidad del acuífero hasta donde se encuentra perforado el pozo, sin embargo el programa estima una transmisibiidad de 0.024 m2/día, el cual representa un valor muy bajo.

La capacidad específica para este pozo fue calculada en 0.054 GPM/Pies, considerando el descenso máximo registrado para el pozo que fue de 87.57 Pies con un caudal de 4.75 GPM.

También se realizó la prueba de recuperación en el pozo, la prueba de recuperación permite analizar la conexión entre el pozo y el acuífero donde se encuentra, así como también determinar el valor de la transmisibilidad.

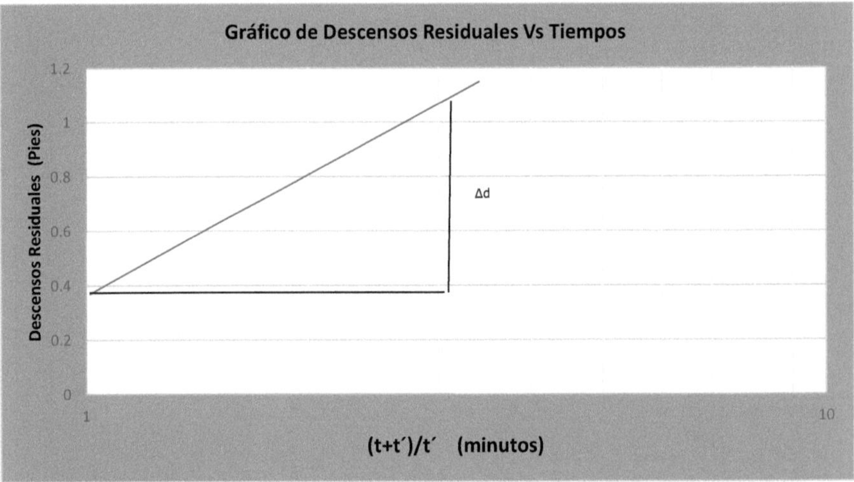

Δd= 80 Pies= 24.39m
Caudal de bombeo= 4.75 GPM= 25,89 M3/día
Capacidad Específica=

$$T = \frac{0.183 * Q}{\Delta d}$$

Introduciendo valores en la ecuación anterior, se obtiene un valor de T= 0.194 m²/día, el cual es un valor algo alejado de la realidad debido a que la pendiente de la recta no intercepta el origen de las coordenadas.

Debido a que la pendiente de la recta intercepta el eje de las ordenadas, hace indicar que para el tiempo de bombeo hubo un "vaciado" del acuífero de aproximadamente de unos 40 a 45m, habiendo un abatimiento residual de 0.33 m al final de haber medido la prueba de recuperación.

Imagen 9   Prueba de bombeo realizada en el pozo perforado.

Debido a la poca productividad del acuífero para el caudal bombeado en el pozo, se intentó nuevamente estrangular aún más el equipo para bombear al mínimo de 2.50 GPM para ver si el nivel de bombeo lograba estabilizarse, sin embargo durante 120 minutos, se interrumpió la prueba debido a que el nivel dinámico de aguas (NDA) tampoco logró estabilizarse. Los resultados de esta prueba preliminar se muestran en la Figura 15

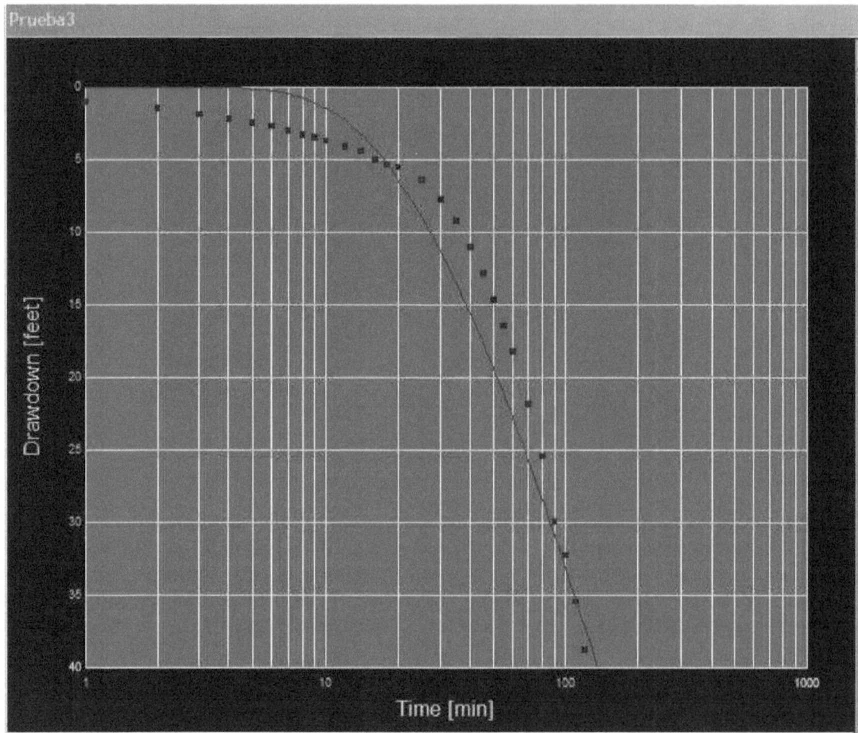

Figura 15 Gráfico de abatimientos o descensos contra tiempo de bombeo. Fuente: Elaboración propia del consultor (2016) a través del software GWW.

Bajo este nuevo escenario de bombeo, se logró definir con certeza el cálculo del valor de transmisibilidad del acuífero hasta donde se encuentra perforado el pozo, sin embargo el programa estima una transmisibiidad de 0.1413 m^2/día, el cual aún representa un valor muy bajo.

La capacidad específica para este pozo fue calculada en 0.065 GPM/Pies, considerando el descenso máximo registrado para el pozo que fue de 38.50 Pies con un caudal de 2.50 GPM.

Debido a que el pozo no logra estabilizarse con caudales pequeños y bajos parámetros hidráulicos calculados para el acuífero donde se encuentra, adicionalmente considerando la vieja data del pozo, se descarta como una fuente potencial para abastecimiento de agua para un mini acueducto con bombeo eléctrico.

2-PP Comunal / Comienzo de sector Los Azules (Detrás de capilla)

Coordenadas UTM-WGS8: Este= 685257, Norte= 1341717, Elevación= 139m

Tabla 13

Características Constructivas	
Tipo de pozo	Perforado equipado con bomba de mecate
Diámetro del ademe	4" PVC
Profundidad del pozo	60 m

En este pozo se realizó una prueba escalonada, debido a que superó las expectativas desde el inicio ya que se arrancó con un primer escalón con un caudal con bomba estrangulada de 5 GPM durante 120 minutos, estabilizándose rápidamente a los 10 minutos de haber iniciado el bombeo, alcanzándose un descenso máximo de 0.0360 Pies para este primer escalón, terminado los 120minutos continuos de bombeo se aperturó la válvula de regulación para bombear a 15.20 GPM alcanzando un descenso máximo de 0.386 Pies en 140 minutos de bombeo para el segundo escalón, luego se aumento el bombeo a 20 GPM, estabilizándose el pozo a los 310 minutos de bombeo, en este último escalón se obtuvo un rebajamiento máximo 0.586 Pies. En la tabla Tabla 14 se muestran los descensos y capacidades específicas calculadas para cada escalón de bombeo.

Tabla 14

Escalón	Caudal (GPM)	Descenso (Pies)	Capacidad Específica (GPM/Pies)
1	5	0.0364	137.36
2	15.2	0.3864	39.34
3	20	0.5964	33.53

Graficando los descensos vs caudales escalonados (Figura 16), se obtuvo la curva escalonada con la que se permite definir el caudal crítico de explotación, valor que no puede ser superado operativamente para mantener la condición de equilibrio recarga vs extracción.

En la Figura 17 se puede apreciar la gráfica de los descensos vs abatimientos registrados durante la prueba de bombeo escalonada realizada en el pozo.

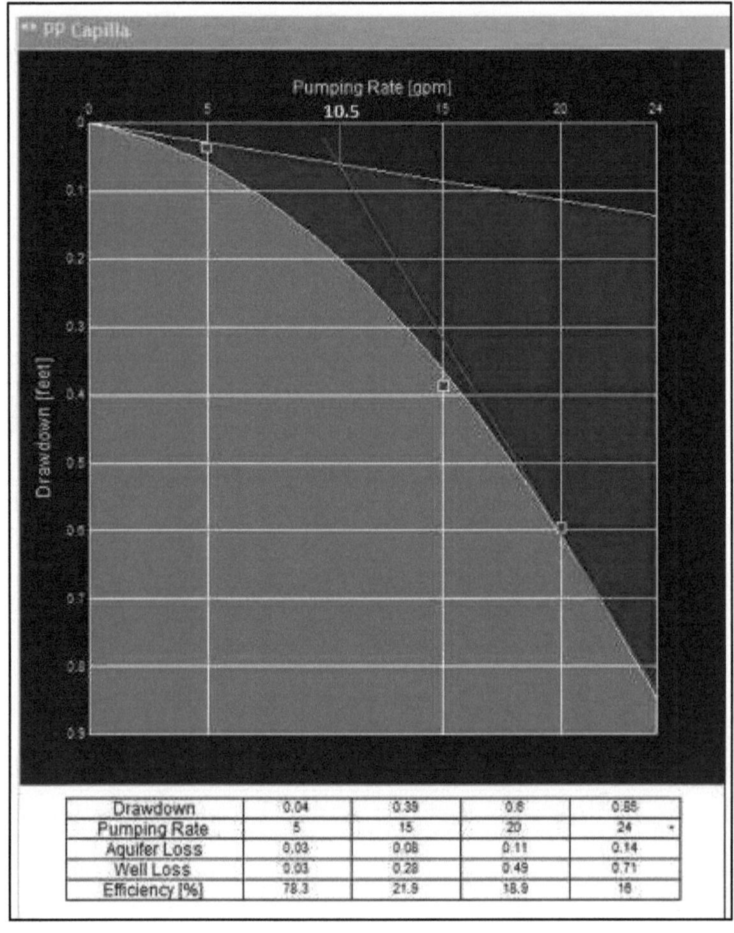

Figura 16   Curva de caudales escalonados vs abatiemientos. El caudal crítico de explotación de este pozo se define en 10.5 GPM Aproximadamente. Fuente: Elaboración propia del consultor (2016) a través del programa GWW.

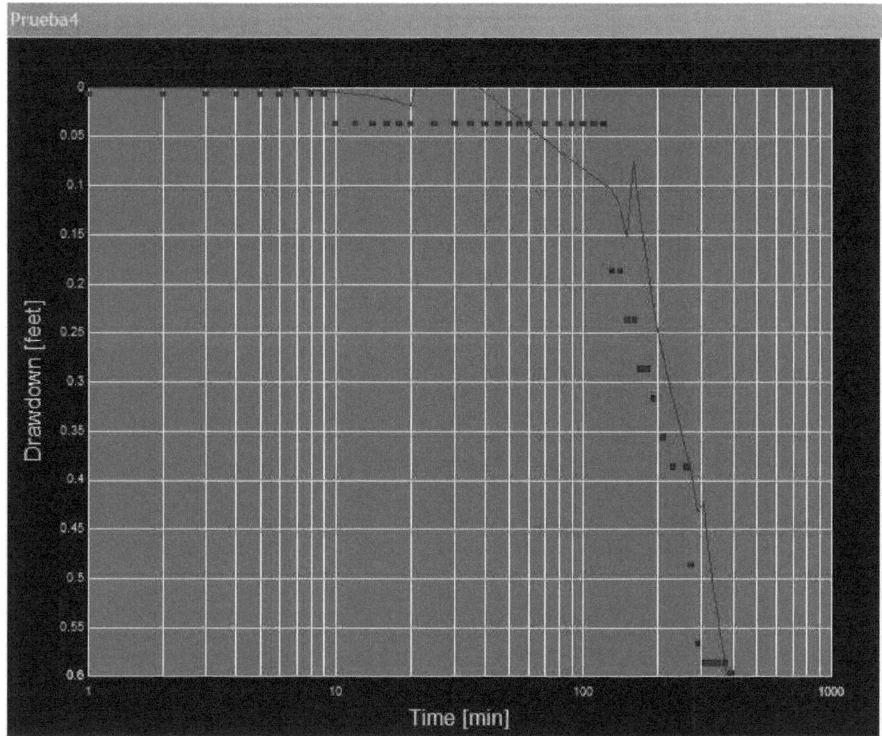

Figura 17   Gráfico de abatimientos o descensos contra tiempo de bombeo. Fuente: Elaboración propia del consultor (2016) a través del software GWW. El pozo logró estabilizarse más rápidamente en los dos primeros escalones bombeados.

Para este registro se calculó en el programa un valor representativo de transmisibilidad para el pozo de 91.18 m^2/día, el cual representa un buen indicador de la recarga que recibe el pozo del acuífero. Es probable que el pozo se encuentre en medio fracturado debido a las rocas que afloran en la parte alta de la zona de recarga.

También los valores de capacidades específicas son buenos indicadores del potencial de aguas subterráneas que alimentan el área donde se encuentra el pozo. (Tabla No.14)

Adicionalmente se realizó la prueba de recuperación (Figura 18) del pozo estudiado para analizar el tiempo en que le tardó al pozo en recuperar su nivel estático inicial el cual fue de 155 minutos. ***Según Johnson (1975) en el libro: El agua subterránea y los pozos"*** cuando se realiza una prueba de bombeo en régimen variable o con caudales escalonados los valores obtenidos en la recuperación no se pueden utilizar para el cálculo de la transmisibilidad, por tal motivo no se decidió hacerlo por este método.

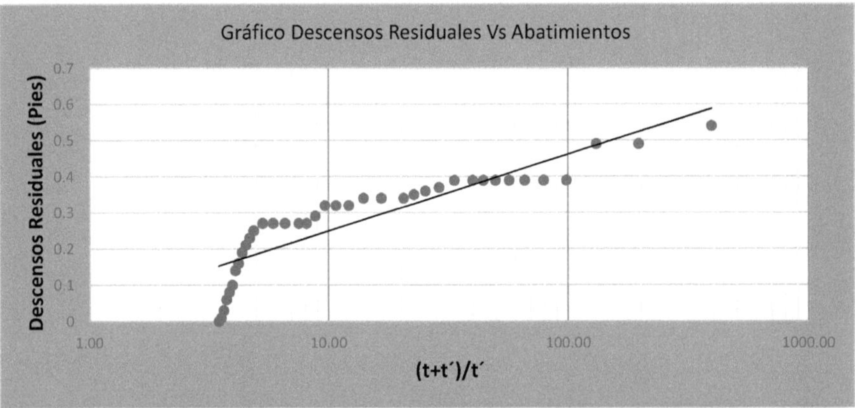

Figura 18 Gráfico de la recuperación del PP comunal ubicado detrás de la capilla (Sector Los Azules). Se observa que una buena parte de la recuperación es alcanzada en los primeros 10 minutos después de haber parado el bombeo a caudal variable, **luego de los diez minutos la recuperación se dio de forma más lenta probablemente al aporte de alguna capa de acuitardo que está por encima del acuífero principal, este acuitardo estaría constituido de material coluvial aglomerado tal a como se describe en los afloramientos del capítulo de geología del presente estudio.**

Tomando en consideración lo descrito en la prueba de bombeo de este pozo, permite sustentar que la perforación de un pozo nuevo cercano a donde se encuentra el existente sería una buena alternativa como fuente de agua potable, la profundidad de la perforación estará definida por lo determinado en el estudio geofísico, en principio el pozo actual obtuvo buenos resultados con una profundidad de 150 pies (45.73), pero la profundidad y ubicación definitiva del pozo nuevo estará en función de los resultados del estudio geofísico.

Durante el proceso constructivo de este pozo nuevo no se recomiendo utilizar arcilla para estabilizar las paredes del pozo, se tendría que utilizar un ademe provisional, así mismo se recomienda utilizar una máquina rotativa con compresor de aire para la limpieza y desarrollo del pozo.

3- PE Privado / Caserio El Jicaral (Dentro de propiedad de Don Wilmer Fernández).
Coordenadas UTM-WGS8: Este= 683784, Norte= 1341396, Elevación= 120m

Tabla 15

Características Constructivas	
Tipo de pozo	Excavado equipado con bomba de mecate
Diámetro del pozo	1.35m con brocal construido de ladrillo de barro
Profundidad del pozo	9.35 m

En este pozo se realizó una definitiva, debido a que superó las expectativas desde el inicio ya que se esperaba por su poca profundidad que se abatiera en poco tiempo, se arrancó con un caudal con bomba estrangulada al mínimo de 2.40 GPM (13,08 m^3/día) durante un tiempo de 120 minutos, durante el tiempo de bombeo el pozo no logro estabilizarse ya que registro descensos pero haciéndolo de manera gradual hasta alcanzar un máximo descenso de 1.60 Pies, es probable que debido a la poca profundidad del pozo (9.35m) el pozo no logro estabilizarse al caudal bombeado ya que se está aprovechando poco espesor saturado o medio fracturado. Se decidió interrumpir la prueba de bombeo debido a que el NDA se aproximaba al nivel de la bomba y no se correría el riesgo de bombear en seco para evitar daños al equipo.

Durante esta prueba se alcanzó un valor de capacidad específica de 1.5 GPM/ Pie el cual es un valor regular considerando el contexto hidrogeológico de la zona y la baja productivad por la que se caracteriza, también se obtuvo un valor de transmisibilidad de 24.95 m^2/día

En el gráfico Figura 19 Se muestran los descensos vs tiempos registrados en la prueba de bombeo. En el anexo No.4 se adjuntan los datos levantados en campo de la prueba de bombeo realizada a este pozo.

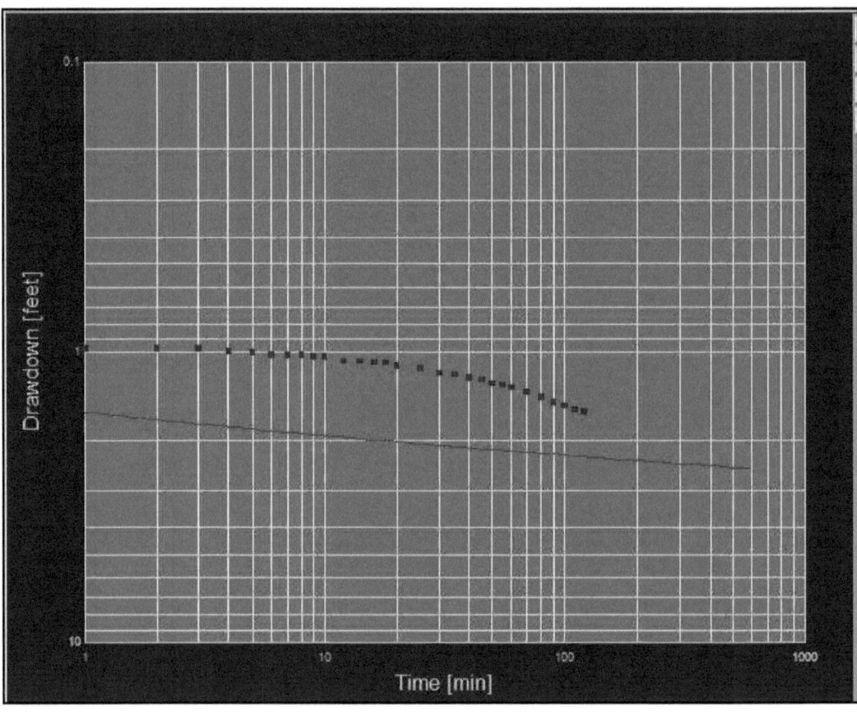

Figura 19 Gráfico de abatimientos o descensos contra tiempo de bombeo. Fuente: Elaboración propia del consultor (2016) a través del software GWW. El pozo no logró estabilizarse, aunque los descensos registrados no fueron "bruscos" sino de forma gradual, es muy probable que debido a la poca profundidad del pozo (Excavado) este no logró estabilizarse durante el bombeo.

También se realizó la prueba de recuperación en el pozo, la prueba de recuperación permite analizar la conexión entre el pozo y el acuífero donde se encuentra, así como también determinar el valor de la transmisibilidad de forma más representativa a un caudal constante.

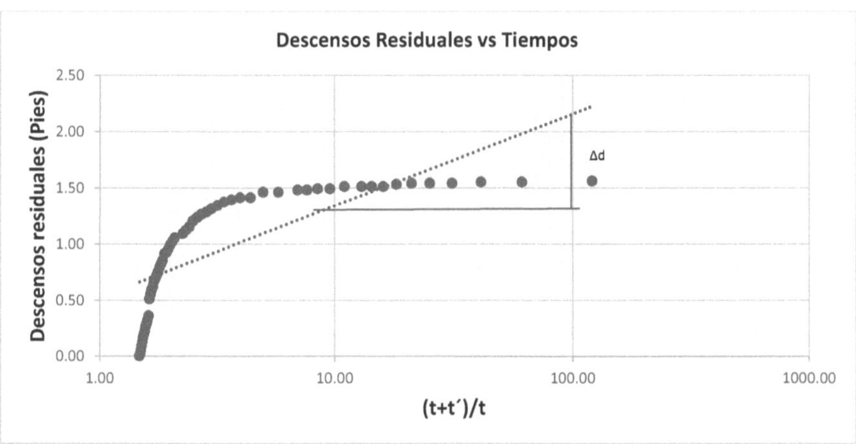

Δd= 0.8 Pies= 0.24m
Caudal de bombeo= 2.40 GPM= 13,08 m³/día

$$T = \frac{0.183 * Q}{\Delta d}$$

Introduciendo valores en la ecuación anterior, se obtiene un valor de T= 9.97 m²/día, si bien es cierto que el valor es relativamente bajo, este representa un valor parcial de transmisibilidad del acuífero ya que la prueba se realizó en un pozo excavado no mayor a los 10m.

Como una alternativa complementaria al proyecto en caso de ser necesaria según la demanda del proyecto, se puede proponer la perforación y construcción de un pozo nuevo cercano al pozo existente, pero con una mayor profundidad cercano a los 50m (150 Pies) y revestido con ademe de 6″ PVC, se estima que con el valor de capacidad específica obtenida en la prueba de bombeo (1.5 GPM/Pie) se obtendría un NDA de 30.91 Pies (9.42m) bombeando a un caudal de 5 GPM. En caso de realizar esta alternativa es indispensable realizar una prueba de bombeo al pozo nuevo una vez construido para conocer el verdadero potencial hidráulico del acuífero donde se encuentra el pozo existente ya que se aprovecharía un mayor espesor saturado.

Tabla 16

Características Constructivas Preeliminares.	
Tipo de pozo	Perforado y equipado con bomba eléctrica sumergible.

Diámetro del pozo	Ademe de 6" PVC SDR-21 o con rejilla especial para PVC para pozos.
Diámetro de perforación	12"
Profundidad del pozo	50 m (150 Pies)

Durante el proceso constructivo de este pozo no se recomiendo utilizar arcilla para estabilizar las paredes del pozo, se tendría que utilizar un ademe provisional, así mismo se recomienda utilizar una máquina rotativa con compresor de aire para la limpieza y desarrollo del pozo.

XI.   Conclusiones

De acuerdo al inventario de fuentes realizado en la comunidad se determinó que la mayoría de manantiales son de bajo rendimiento y estos se encuentran ubicados en la parte alta de la cuenca, respecto a las fuentes superficiales como ríos, sus caudales son muy pobres a excepción de la parte de cierre de la cuenca la cual está alejada a 7Km donde comienza la mayor concentración de personas de la comunidad. El inventario de las fuentes permitió definir los pozos a los cuales se les realizó pruebas de bombeo los cuales fueron los números 1,2 y 15 del inventario de fuentes, se tomaron criterios de área visual de recarga y cercanía a la población de la comarca y afloramientos litológicos del lugar.

Respecto al estudio de la microcuenca del Río Manigua, es una microcuenca exorreica de forma ligeramente alargada con una corriente principal de tercer orden. Esta microcuenca presente una superficie de aproximadamente 35.69km^2 y consta de un relieve accidentado con una pendiente media 7.9%. En base a esta pendiente y considerando su longitud estimada en 10.7km los tiempos de concentración son bastante cortos con una media de 1.34horas, lo que indica un régimen de drenaje bastante rápido.

En cuanto a la climatología de la zona y de acuerdo a la clasificación climática de Kopenn, la microcuenca se caracteriza por presentar un clima **AW1(w) igw** o clima caliente y sub-húmedo con lluvias en verano. La temperatura media en la zona es de 26.71°C variando a lo largo del año con las temperaturas máximas ocurriendo en los meses secos de enero a abril y las mínimas en los meses de lluvia entre mayo y noviembre. La precipitación media actual es de 1352.80mm por año ocurriendo las mayores precipitaciones medias mensuales en los meses de septiembre y octubre. La humedad relativa actualmente se estima en una media anual del 75%. En cuanto a la evapotranspiración potencial se ha estimado que la media mensual es de 141.41mm para un total 1,696.93 mm lo cual supera el valor de precipitación.

Del balance hídrico de suelo se determinó que actualmente el potencial de recarga anual es equivalente al 13.75% del total del agua precipitada anualmente. Dicho valor se estima en aproximadamente 6,609,636.89m3 anuales infiltrados. Este valor depende fundamentalmente de las características edafológicas del suelo y de las condiciones climáticas en la zona. Los suelos que con mayor potencial de recarga y los que más aportan al acuífero son los suelos Franco arcillosos con pastos y malezas y de afloramientos rocosos fracturados, sin embargo los suelos arcillosos tienen una contribución nula o mínima al acuífero de la microcuenca. La mayor parte del agua de precipitación en la zona se evapotranspira o escurre creando un déficit en la capacidad de campo de los suelos, el cual tiene un promedio mensual de 49.9mm. Este déficit aumenta principalmente en las temporadas secas entre enero y mayo llegando a un máximo de 113.28mm en abril.

Por otro lado, considerando un escenario futuro con un incremento principalmente de la temperatura, se encontró que el balance hídrico del suelo o la recarga potencial disminuirá drásticamente con una reducción del 60% llegando a una recarga potencial anual de 2,626,279.28m^3 al año lo que representa 5.46% del total de agua que se espera precipite para el año 2050. Dicha reducción se debe principalmente por el incremento de la evapotranspiración causada por incremento en la temperatura media mensual bajo este escenario.

En base al recorrido realizado en la cuenca, se determinó que el principal problema o mayor vulnerabilidad de la cuenca ante la sequía es debido a condiciones naturales y antrópicas, ya que en la parte media y baja de la cuenca aflora una buena parte de suelos constituidos por material arcilloso lo cual hace un suelo mal drenado y que dificulta la recarga hacia el subsuelo, adicionalmente las malas prácticas de manejo en la cuenca que atenúan más este problema.

Tomando en consideración los resultados de las pruebas de bombeo, las mejores fuentes de agua subterránea fueron en primer lugar la del Pozo Comunal ubicado detrás de la capilla (Inicia Sector Los Azules) y el Pozo Excavado ubicado en la propiedad de Don Wilmer Fernández, aunque este último sólo se necesitaría como referencia en caso de perforar un pozo nuevo ya que es un pozo excavado de baja profundidad.

Se recomienda perforar un pozo nuevo cercano al pozo No.1 del inventario (PP Comunal de la capilla) y explotarlo a un caudal no mayor a los 10.5 GPM.

Como alternativa complementaria se puede perforar un pozo nuevo cercano al pozo No.15 del inventario con un caudal de explotación no mayor a los 5 GPM.

Respecto a los manantiales, estos son de muy bajo rendimiento y no resultaría utilizarlos para un sistema típico almacenamiento-red, por lo que se propondría construir sistemas de captación independiente para mejorar las condiciones higiénicas de los habitantes.

XII. Recomendaciones

Luego de analizar los escenarios con condiciones actuales y futuras de acuerdo a las condiciones climáticas, hidricas y las características edafológicas de la cuenca se recomienda lo siguiente:

- Realizar un análisis de los usos actuales del suelo en la zona para determinar si los mismos son aptos para el tipo de suelo.

- Implementar planes de acción para la conservación y mejora de los suelos que actualmente tienen el mayor potencial de recarga en la zona.

- Implementar planes de reforestación con la vegetación adecuada para el tipo de suelo que ayude a reducir la escorrentía superficial y contribuya a la infiltración y propicien la creación de microclimas para evitar el incremento de la temperatura en el área.

- Definir obras adecuadas para la cosecha de agua u obras de reducción de escorrentía que puedan incrementar el potencial de recarga en la zona.

- Diseñar un plan de manejo de la cuenca en estudio que permita una mejora en la gestión de los recursos hídricos por parte de los actores involucrados.

- Realizar un monitorio periódico de los pozos principales con el objetivo de tomar decisiones y analizar si existe un rebajamiento en los acuíferos que los alimentan.

- Instalar una estación de aforo de caudales en el punto de cierre de la cuenca en estudio (Este: 681090 Norte: 1340677) para llevar un registros continuo de caudales y permita de esta manera tomar decisiones para gestión de los recursos hídricos de la cuenca.

- Evitar construir letrinas por lo menos a 30 m de cualquier pozo.

- Realizar un análisis de calidad de agua a los pozos propuestos

- Realizar un sondeo geofísico en el área del pozo No.1 del inventario (PP Comunal de la capilla).

Anexos

Anexo 1 Resultados de Pruebas de infiltración.

PRUEBAS DE INFILTRACION DE SUELO No 1

Fecha: 29/01/2016 — Carga de agua inicial h1 =30 cm
Localización: Sector El Jicaral — Carga de agua variable Hn

Hora de inicio: 10:30 a.m. — Coordenadas

Serie de Suelo: Juigalpa — Este: 684159 N = 1340813 — Elev.:144 msnm

Textura de suelo: Franco		r=	300 mm		Color:	Café oscuro	
Tiempo (min.): t1	Tiempo (hr.)	Hn (mm)	$r/2(t_2-t_1)$	2h+r	$\ln(2{*}h1{+}r/\ 2{*}h2{+}r)$	F_c (mm/hora)	Tiempo (min.): t1
0	0	300		900	-		0
1	0.0167	185	9,000.000	670	0.2951	2656.053	1
2	0.0333	170	9,000.000	640	0.0458	412.286	2
3	0.0500	162	9,000.000	624	0.0253	227.860	3
4	0.0667	158	9,000.000	616	0.0129	116.131	4
5	0.0833	150	9,000.000	600	0.0263	236.856	5
6	0.1000	149	9,000.000	598	0.0033	30.050	6
7	0.1167	147	9,000.000	594	0.0067	60.403	7
8	0.1333	146	9,000.000	592	0.0034	30.354	8
9	0.1500	144	9,000.000	588	0.0068	61.017	9
10	0.1667	142	9,000.000	584	0.0068	61.434	10
15	0.2500	130	1,800.000	560	0.0420	75.536	15
20	0.3333	124	1,800.000	548	0.0217	38.991	20
25	0.4167	118	1,800.000	536	0.0221	39.854	25
30	0.5000	108	1,800.000	516	0.0380	68.449	30
35	0.5833	105	1,800.000	510	0.0117	21.053	30
40	0.6667	102	900.000	504	0.0118	10.651	40
45	0.7500	101	900.000	502	0.0040	3.579	45
50	0.8333	99	900.000	498	0.0080	7.200	50
55	0.9167	98	900.000	496	0.0040	3.622	55

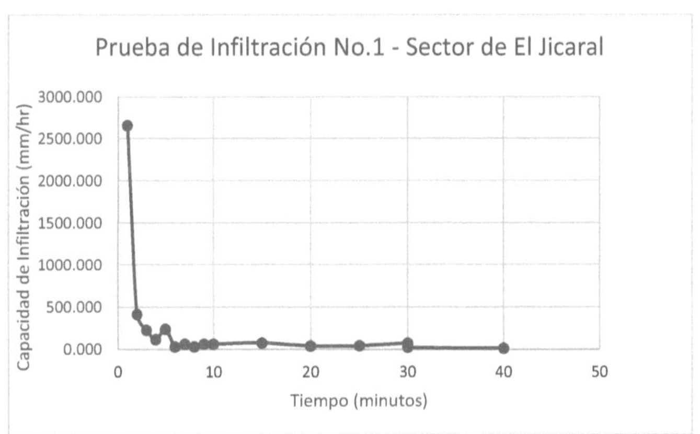

PRUEBAS DE INFILTRACION DE SUELO No 2

Fecha: 29/01/2016   Carga de agua inicial h1 =30 cm

Localización: Sector Los Azules   Carga de agua variable Hn

Hora de inicio: 01:15 p.m.   Coordenadas

Serie de Suelo: Juigalpa   E = 685306   N = 1341486   Elev.: 166

Textura de suelo: Franco Arcilloso   r=   300 mm   Color: Café

Tiempo (min.): t1	Tiempo (hr.)	Hn (mm)	$r/2(t_2\text{-}t_1)$	2h+r	$\ln(2{*}h1{+}r/\ 2{*}h2{+}r)$	F_c (mm/hora)	Tiempo (min.)
0	0	300		900	-		0
1	0.0167	150	9,000.000	600	0.4055	3649.186	1
2	0.0333	130	9,000.000	560	0.0690	620.936	2
3	0.0500	117	9,000.000	534	0.0475	427.869	3
4	0.0667	112	9,000.000	524	0.0189	170.137	4
5	0.0833	106	9,000.000	512	0.0232	208.504	5
6	0.1000	101	9,000.000	502	0.0197	177.521	6
7	0.1167	95	9,000.000	490	0.0242	217.753	7
8	0.1333	91	9,000.000	482	0.0165	148.151	8
9	0.1500	88	9,000.000	476	0.0125	112.736	9
10	0.1667	85	9,000.000	470	0.0127	114.166	10
15	0.2500	76	1,800.000	452	0.0391	70.291	15
20	0.3333	69	1,800.000	438	0.0315	56.634	20
25	0.4167	65	1,800.000	430	0.0184	33.181	25
30	0.5000	64	1,800.000	428	0.0047	8.392	30
40	0.6667	57	900.000	414	0.0333	29.931	40
50	0.8333	50	900.000	400	0.0344	30.961	50
60	1.0000	42	900.000	384	0.0408	36.740	60
70	1.1667	40	900.000	380	0.0105	9.424	70
80	1.3333	38	900.000	376	0.0106	9.524	80
90	1.5000	35	900.000	370	0.0161	14.478	90

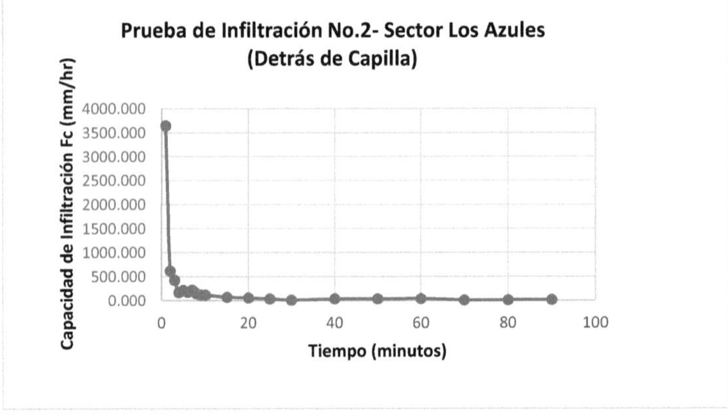

PRUEBAS DE INFILTRACION DE SUELO No 3				Carga de agua inicial h1 =30 cm			
Fecha: 30/01/2016				Carga de agua variable Hn			
Localización:	Cerca de Rio Manigua						
Hora de inicio:	11:15 a.m.			Coordenadas			
Serie de Suelo:	Juigalpa			E = 684261 N = 1341110 Elev.: 129			

Textura de suelo:	Franco Arenoso	r=	300	mm			
					Color:	Amarillo Claro	

Tiempo (min.): t1	Tiempo (hr.)	h (mm)	$r/2(t_2\text{-}t_1)$	2h+r	ln(2*h1+r/ 2*h2+r)	F_c (mm/hora)	Tiempo (min.)
0	0	300		900	-		0
1	0.0167	281	9,000.000	862	0.0431	388.255	1
2	0.0333	270	9,000.000	840	0.0259	232.680	2
3	0.0500	265	9,000.000	830	0.0120	107.786	3
4	0.0667	260	9,000.000	820	0.0121	109.092	4
5	0.0833	257	9,000.000	814	0.0073	66.096	5
6	0.1000	252	9,000.000	804	0.0124	111.250	6
7	0.1167	242	9,000.000	784	0.0252	226.712	7
8	0.1333	236	9,000.000	772	0.0154	138.820	8
9	0.1500	228	9,000.000	756	0.0209	188.489	9
10	0.1667	221	9,000.000	742	0.0187	168.229	10
15	0.2500	197	1,800.000	694	0.0669	120.379	15
20	0.3333	182	1,800.000	664	0.0442	79.542	20
25	0.4167	168	1,800.000	636	0.0431	77.550	25
30	0.5000	160	1,800.000	620	0.0255	45.862	30
35	0.5833	151	1,800.000	602	0.0295	53.032	35
40	0.6667	147	1,800.000	594	0.0134	24.081	40
45	0.7500	145	1,800.000	590	0.0068	12.162	45

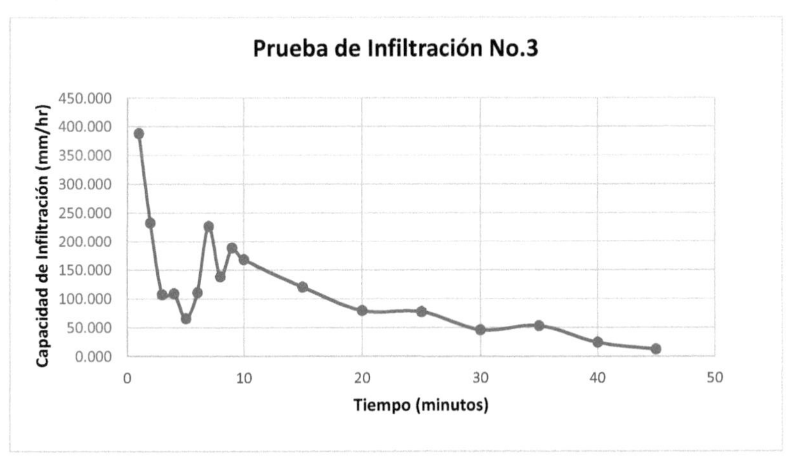

PRUEBAS DE INFILTRACION DE SUELO No 4   Carga de agua inicial h1 =30 cm
Fecha: 30/01/2016   Carga de agua variable Hn
Localización: Cerca de Rio Manigua
Hora de inicio: 02:15 p.m.   Coordenadas

Serie de Suelo: Juigalpa   E = 683781   N = 1341172 Elev. = 127

Textura de suelo:	Franco Arenoso	r=	300	mm			
					Color de suelo:	Rojo oscuro	
Tiempo (min.): t1	Tiempo (hr.)	h (mm)	$r/2(t_2-t_1)$	2h+r	ln(2*h1+r/ 2*h2+r)	F_c (mm/hora)	Tiempo (min.)
0	0	498		1296	-		0
1	0.0167	495	9,000.000	1290	0.0046	41.763	1
2	0.0333	492	9,000.000	1284	0.0047	41.958	2
3	0.0500	490	9,000.000	1280	0.0031	28.081	3
4	0.0667	487	9,000.000	1274	0.0047	42.287	4
5	0.0833	483	9,000.000	1266	0.0063	56.693	5
6	0.1000	476	9,000.000	1252	0.0111	100.080	6
7	0.1167	475	9,000.000	1250	0.0016	14.388	7
8	0.1333	471	9,000.000	1242	0.0064	57.785	8
9	0.1500	471	9,000.000	1242	0.0000	0.000	9
10	0.1667	468	9,000.000	1236	0.0048	43.584	10
15	0.2500	450	1,800.000	1200	0.0296	53.206	15
20	0.3333	421	1,800.000	1142	0.0495	89.173	20
25	0.4167	395	1,800.000	1090	0.0466	83.886	25
30	0.5000	355	1,800.000	1010	0.0762	137.209	30
35	0.5833	300	1,800.000	900	0.1153	207.560	35
40	0.6667	295	1,800.000	890	0.0112	20.112	40
45	0.7500	273	1,800.000	846	0.0507	91.264	45
50	0.8333	263	1,800.000	826	0.0239	43.064	50
60	1.0000	236	900.000	772	0.0676	60.849	60
65	1.0833	222	1,800.000	744	0.0369	66.498	65
70	1.1667	203	1,800.000	706	0.0524	94.366	70
75	1.2500	178	1,800.000	656	0.0735	132.218	75
80	1.3333	138	1,800.000	576	0.1301	234.096	80
85	1.4167	65	1,800.000	430	0.2923	526.180	85
86	1.4333	39	9,000.000	378	0.1289	1160.019	86

Anexo 2 Cálculos de la recarga subterránea de la microcuenca en condiciones actuales.

Anexo 2-a: Resumen de los potenciales de recarga en base al tipo de suelo y tipo de vegetación.

	Enero	Febrero	Marzo	Abril	Mayo	Junio	Julio	Agosto	Septiembre	Octubre	Noviembre	Diciembre
FArc-BL	0.00	0.00	0.00	0.00	0.00	0.00	5.48	37.46	101.90	78.87	0.00	0.00
FArc-MC	0.00	0.00	0.00	0.00	0.00	4.25	23.57	24.67	85.58	64.27	0.00	0.00
FArc-Pma	0.00	0.00	0.00	0.00	0.00	4.25	23.57	24.67	85.58	64.27	0.00	0.00
FArc-VA	0.00	0.00	0.00	0.00	0.00	0.00	8.99	24.67	85.58	64.27	0.00	0.00
AR-BL	0.00	0.00	0.00	0.00	0.00	0.00	35.32	39.29	104.23	80.96	0.00	0.00
AR-MC	0.00	0.00	0.00	0.00	0.00	42.04	38.19	39.29	104.23	80.96	0.00	0.00
AR-Pma	0.00	0.00	0.00	0.00	0.00	42.04	38.19	39.29	104.23	80.96	0.00	0.00
AR-VA	0.00	0.00	0.00	0.00	0.00	22.40	38.19	39.29	104.23	80.96	0.00	0.00
Arc-MC	0.00	0.00	0.00	0.00	0.00	0.00	0.00	0.00	30.75	24.65	0.00	0.00
Arc-Pma	0.00	0.00	0.00	0.00	0.00	0.00	0.00	0.00	30.75	24.65	0.00	0.00
Arc-VA	0.00	0.00	0.00	0.00	0.00	0.00	0.00	0.00	4.04	18.39	0.00	0.00

FArc: Franco Arcilloso   AR: Afloramiento Rocoso   Arc: Arcilloso
BL: Bosque Latifoliado   MC: Maleza Compacta   Pma: Pastos con Maleza y Árboles
VA: Vegetación Arbustiva   RP: Recarga potencial

Anexo 2-b: Recarga potencial en suelo Franco Arcilloso con Bosque Latifoliado

fc: Capacidad de Infiltración.	DS: Densidad de Suelo.	ETP: Evapotranspiración Potencial.
I: Infiltración.	DCC: Déficit de Capacidad de Campo.	ETR: Evapotranspiración Real.
CC: Capacidad de Campo.	Rp: Recarga Potencial	HSi: Humedad de Suelo Inicial.
PM: Punto de Marchitez.	P: Precipitación Media Mensual.	HD: Humedad Disponible
PR: Profundidad de Raíces.	Pi: Precipitación que infilta.	HSf: Humedad de Suelo Final.
RAD (CC-PM): Rango de Agua Disponible.	ESC: Escorrentía Superficial	

fc (mm/d):	217.12	por peso		
I (%):	0.99		(%)	(mm)
DS (g/cm^3):	1.40	CC	27.00	453.60
PR (mm):	1200.00	PM	14.00	235.20
HSi (mm):	453.60	RAD	13.00	218.40

	Enero	Febrero	Marzo	Abril	Mayo	Junio	Julio	Agosto	Septiembre	Octubre	Noviembre	Diciembre	Valores anuales
P (mm)	29.90	16.72	11.22	18.73	141.02	212.33	182.83	182.83	233.16	208.56	76.80	38.70	1352.80
Pi (mm)	29.60	16.56	11.11	18.54	139.61	210.20	181.00	181.00	230.83	206.47	76.03	38.31	1339.27
ESC (mm)	0.30	3.00	0.11	0.19	1.41	2.12	1.83	1.83	2.33	2.09	0.77	0.39	16.36
ETP (mm)	119.83	119.11	160.53	180.05	181.27	146.97	144.63	143.54	128.93	127.60	123.48	120.99	1696.93
HSi (mm)	453.60	395.34	349.54	307.50	284.99	338.70	422.71	453.60	453.60	453.60	453.60	423.29	
HD (mm)	248.00	176.69	125.45	90.84	189.40	313.70	368.51	399.40	449.23	424.87	294.43	226.40	
ETR (mm)	87.86	62.36	53.14	41.05	85.90	126.19	144.63	143.54	128.93	127.60	106.34	80.71	
HSf (mm)	395.34	349.54	307.50	284.99	338.70	422.71	453.60	453.60	453.60	453.60	423.29	380.89	
DCC (mm)	58.26	104.06	146.10	168.61	114.90	30.89	0.00	0.00	0.00	0.00	30.31	72.71	
Rp (mm)	0.00	0.00	0.00	0.00	0.00	0.00	5.48	37.46	101.90	78.87	0.00	0.00	223.71
% Recarga													16.54

Anexo 2-c: Recarga potencial en suelo Franco Arcilloso con Maleza Compacta

fc (mm/d):	217.12	por peso		
I (%):	0.92		(%)	(mm)
DS (g/cm^3):	1.40	CC	27.00	189.00
PR (mm):	500.00	PM	14.00	98.00
HSi (mm):	189.00	RAD	13.00	91.00

	Enero	Febrero	Marzo	Abril	Mayo	Junio	Julio	Agosto	Septiembre	Octubre	Noviembre	Diciembre	Valores anuales
P (mm)	29.90	16.72	11.22	18.73	141.02	212.33	182.83	182.83	233.16	208.56	76.80	38.70	1352.80
Pi (mm)	27.51	15.39	10.33	17.23	129.74	195.34	168.20	168.20	214.50	191.88	70.65	35.61	1244.57
ESC (mm)	2.39	3.00	0.90	1.50	11.28	16.99	14.63	14.63	18.65	16.68	6.14	3.10	109.89
ETP (mm)	119.83	119.11	160.53	180.05	181.27	146.97	144.63	143.54	128.93	127.60	123.48	120.99	1696.93
HSi (mm)	189.00	149.15	126.82	112.16	108.54	144.88	189.00	189.00	189.00	189.00	189.00	166.59	
HD (mm)	118.51	66.54	39.14	31.39	140.28	242.22	259.20	259.20	305.50	282.88	161.65	104.19	
ETR (mm)	67.36	37.72	24.98	20.85	93.39	146.97	144.63	143.54	128.93	127.60	93.07	59.47	
HSf (mm)	149.15	126.82	112.16	108.54	144.88	189.00	189.00	189.00	189.00	189.00	166.59	142.73	
DCC (mm)	39.85	62.18	76.84	80.46	44.12	0.00	0.00	0.00	0.00	0.00	22.41	46.27	
Rp (mm)	0.00	0.00	0.00	0.00	0.00	4.25	23.57	24.67	85.58	64.27	0.00	0.00	202.33
% Recarga													14.96

Anexo 2-d: Recarga potencial en suelo Franco Arcilloso con Pasto más maleza y árboles

fc (mm/d):	217.12	por peso		
I (%):	0.92		(%)	(mm)
DS (g/cm³):	1.40	CC	27.00	189.00
PR (mm):	500.00	PM	14.00	98.00
HSi (mm):	189.00	RAD	13.00	91.00

	Enero	Febrero	Marzo	Abril	Mayo	Junio	Julio	Agosto	Septiembre	Octubre	Noviembre	Diciembre	Valores anuales
P (mm)	29.90	16.72	11.22	18.73	141.02	212.33	182.83	182.83	233.16	208.56	76.80	38.70	1352.80
Pi (mm)	27.51	15.39	10.33	17.23	129.74	195.34	168.20	168.20	214.50	191.88	70.65	35.61	1244.57
ESC (mm)	2.39	3.00	0.90	1.50	11.28	16.99	14.63	14.63	18.65	16.68	6.14	3.10	109.89
ETP (mm)	119.83	119.11	160.53	180.05	181.27	146.97	144.63	143.54	128.93	127.60	123.48	120.99	1696.93
HSi (mm)	189.00	149.15	126.82	112.16	108.54	144.88	189.00	189.00	189.00	189.00	189.00	166.59	
HD (mm)	118.51	66.54	39.14	31.39	140.28	242.22	259.20	259.20	305.50	282.88	161.65	104.19	
ETR (mm)	67.36	37.72	24.98	20.85	93.39	146.97	144.63	143.54	128.93	127.60	93.07	59.47	
HSf (mm)	149.15	126.82	112.16	108.54	144.88	189.00	189.00	189.00	189.00	189.00	166.59	142.73	
DCC (mm)	39.85	62.18	76.84	80.46	44.12	0.00	0.00	0.00	0.00	0.00	22.41	46.27	
Rp (mm)	0.00	0.00	0.00	0.00	0.00	4.25	23.57	24.67	85.58	64.27	0.00	0.00	202.33
% Recarga													14.96

Anexo 2-e: Recarga potencial en suelo Franco Arcilloso con Vegetación Arbustiva

fc (mm/d):	217.12	por peso		
I (%):	0.92		(%)	(mm)
DS (g/cm³):	1.40	CC	27.00	302.40
PR (mm):	800.00	PM	14.00	156.80
HSi (mm):	302.40	RAD	13.00	145.60

	Enero	Febrero	Marzo	Abril	Mayo	Junio	Julio	Agosto	Septiembre	Octubre	Noviembre	Diciembre	Valores anuales
P (mm)	29.90	16.72	11.22	18.73	141.02	212.33	182.83	182.83	233.16	208.56	76.80	38.70	1352.80
Pi (mm)	27.51	15.39	10.33	17.23	129.74	195.34	168.20	168.20	214.50	191.88	70.65	35.61	1244.57
ESC (mm)	2.39	3.00	0.90	1.50	11.28	16.99	14.63	14.63	18.65	16.68	6.14	3.10	109.89
ETP (mm)	119.83	119.11	160.53	180.05	181.27	146.97	144.63	143.54	128.93	127.60	123.48	120.99	1696.93
HSi (mm)	302.40	251.76	217.49	190.58	179.61	224.75	287.83	302.40	302.40	302.40	302.40	273.82	
HD (mm)	173.11	110.34	71.02	51.01	152.54	263.29	299.23	313.80	360.10	337.48	216.25	152.62	
ETR (mm)	78.15	49.65	37.24	28.20	84.60	132.26	144.63	143.54	128.93	127.60	99.24	69.27	
HSf (mm)	251.76	217.49	190.58	179.61	224.75	287.83	302.40	302.40	302.40	302.40	273.82	240.16	
DCC (mm)	50.64	84.91	111.82	122.79	77.65	14.57	0.00	0.00	0.00	0.00	28.58	62.24	
Rp (mm)	0.00	0.00	0.00	0.00	0.00	0.00	8.99	24.67	85.58	64.27	0.00	0.00	183.51
% Recarga													13.57

Anexo 2-f: Recarga potencial en suelo Arcilloso y Maleza Compacta

fc (mm/d):	88.08	por peso		
I (%):	0.73		(%)	(mm)
DS (g/cm^3):	1.25	CC	35.00	218.75
PR (mm):	500.00	PM	18.00	112.50
HSi (mm):	218.75	RAD	17.00	106.25

	Enero	Febrero	Marzo	Abril	Mayo	Junio	Julio	Agosto	Septiembre	Octubre	Noviembre	Diciembre	Valores anuales
P (mm)	29.90	16.72	11.22	18.73	141.02	212.33	182.83	182.83	233.16	208.56	76.80	38.70	1352.80
Pi (mm)	21.83	12.21	8.19	13.67	102.94	155.00	133.46	133.47	170.20	152.25	56.06	28.25	987.54
ESC (mm)	8.07	3.00	3.03	5.06	38.08	57.33	49.36	49.36	62.95	56.31	20.74	10.45	363.74
ETP (mm)	119.83	119.11	160.53	180.05	181.27	146.97	144.63	143.54	128.93	127.60	123.48	120.99	1696.93
HSi (mm)	218.75	172.69	146.63	129.36	123.83	154.73	195.25	204.07	208.22	218.75	218.75	187.57	
HD (mm)	128.08	72.40	42.33	30.53	114.27	197.23	216.22	225.04	265.93	258.50	162.31	103.32	
ETR (mm)	67.89	38.27	25.47	19.20	72.05	114.47	124.65	129.32	128.93	127.60	87.24	55.01	
HSf (mm)	172.69	146.63	129.36	123.83	154.73	195.25	204.07	208.22	218.75	218.75	187.57	160.81	
DCC (mm)	46.06	72.12	89.39	94.92	64.02	23.50	14.68	10.53	0.00	0.00	31.18	57.94	
Rp (mm)	0.00	0.00	0.00	0.00	0.00	0.00	0.00	0.00	30.75	24.65	0.00	0.00	55.40
% Recarga													4.09

Anexo 2-g: Recarga potencial en suelo Arcilloso y Pastos más maleza y árboles

fc (mm/d):	88.08	por peso		
I (%):	0.73		(%)	(mm)
DS (g/cm^3):	1.25	CC	35.00	218.75
PR (mm):	500.00	PM	18.00	112.50
HSi (mm):	218.75	RAD	17.00	106.25

	Enero	Febrero	Marzo	Abril	Mayo	Junio	Julio	Agosto	Septiembre	Octubre	Noviembre	Diciembre	Valores anuales
P (mm)	29.90	16.72	11.22	18.73	141.02	212.33	182.83	182.83	233.16	208.56	76.80	38.70	1352.80
Pi (mm)	21.83	12.21	8.19	13.67	102.94	155.00	133.46	133.47	170.20	152.25	56.06	28.25	987.54
ESC (mm)	8.07	3.00	3.03	5.06	38.08	57.33	49.36	49.36	62.95	56.31	20.74	10.45	363.74
ETP (mm)	119.83	119.11	160.53	180.05	181.27	146.97	144.63	143.54	128.93	127.60	123.48	120.99	1696.93
HSi (mm)	218.75	172.69	146.63	129.36	123.83	154.73	195.25	204.07	208.22	218.75	218.75	187.57	
HD (mm)	128.08	72.40	42.33	30.53	114.27	197.23	216.22	225.04	265.93	258.50	162.31	103.32	
ETR (mm)	67.89	38.27	25.47	19.20	72.05	114.47	124.65	129.32	128.93	127.60	87.24	55.01	
HSf (mm)	172.69	146.63	129.36	123.83	154.73	195.25	204.07	208.22	218.75	218.75	187.57	160.81	
DCC (mm)	46.06	72.12	89.39	94.92	64.02	23.50	14.68	10.53	0.00	0.00	31.18	57.94	
Rp (mm)	0.00	0.00	0.00	0.00	0.00	0.00	0.00	0.00	30.75	24.65	0.00	0.00	55.40
% Recarga													4.09

Anexo 2-h: Recarga potencial en suelo Arcilloso y Vegetación arbustiva

fc (mm/d):	88.08		por peso		
I (%):	0.7			(%)	(mm)
DS (g/cm³):	1.25		CC	35.00	350.00
PR (mm):	800.00		PM	18.00	180.00
HSi (mm):	350.00		RAD	17.00	170.00

	Enero	Febrero	Marzo	Abril	Mayo	Junio	Julio	Agosto	Septiembre	Octubre	Noviembre	Diciembre	Valores anuales
P (mm)	29.90	16.72	11.22	18.73	141.02	212.33	182.83	182.83	233.16	208.56	76.80	38.70	1352.80
Pi (mm)	20.93	11.71	7.86	13.11	98.71	148.63	127.98	127.98	163.21	145.99	53.76	27.09	946.96
ESC (mm)	8.97	3.00	3.37	5.62	42.31	63.70	54.85	54.85	69.95	62.57	23.04	11.61	403.82
ETP (mm)	119.83	119.11	160.53	180.05	181.27	146.97	144.63	143.54	128.93	127.60	123.48	120.99	1696.93
HSi (mm)	350.00	291.99	252.73	221.45	206.50	240.60	292.21	309.78	319.76	350.00	350.00	309.62	
HD (mm)	190.93	123.70	80.59	54.56	125.21	209.22	240.19	257.76	302.97	315.99	223.76	156.71	
ETR (mm)	78.94	50.96	39.14	28.06	64.61	97.01	110.41	118.00	128.93	127.60	94.14	65.16	
HSf (mm)	291.99	252.73	221.45	206.50	240.60	292.21	309.78	319.76	350.00	350.00	309.62	271.55	
DCC (mm)	58.01	97.27	128.55	143.50	109.40	57.79	40.22	30.24	0.00	0.00	40.38	78.45	
Rp (mm)	0.00	0.00	0.00	0.00	0.00	0.00	0.00	0.00	4.04	18.39	0.00	0.00	22.43
% Recarga													1.66

Anexo 2-i: Recarga potencial en suelo Afloramiento Rocoso y Bosques latifoliados

fc (mm/d):	1362.48	por peso		
I (%):	1		(%)	(mm)
DS (g/cm³):	1.50	CC	14.00	252.00
PR (mm):	1200.00	PM	6.00	108.00
HSi (mm):	252.00	RAD	8.00	144.00

	Enero	Febrero	Marzo	Abril	Mayo	Junio	Julio	Agosto	Septiembre	Octubre	Noviembre	Diciembre	Valores anuales
P (mm)	29.90	16.72	11.22	18.73	141.02	212.33	182.83	182.83	233.16	208.56	76.80	38.70	1352.80
Pi (mm)	29.90	16.72	11.22	18.73	141.02	212.33	182.83	182.83	233.16	208.56	76.80	38.70	1352.80
ESC (mm)	0.00	3.00	0.00	0.00	0.00	0.00	0.00	0.00	0.00	0.00	0.00	0.00	3.00
ETP (mm)	119.83	119.11	160.53	180.05	181.27	146.97	144.63	143.54	128.93	127.60	123.48	120.99	1696.93
HSi (mm)	252.00	202.92	169.10	142.20	131.52	180.84	249.13	252.00	252.00	252.00	252.00	226.87	
HD (mm)	173.90	111.64	72.32	52.93	164.54	285.17	323.95	326.83	377.16	352.56	220.80	157.57	
ETR (mm)	78.99	50.54	38.12	29.41	91.70	144.04	144.63	143.54	128.93	127.60	101.93	71.94	
HSf (mm)	202.92	169.10	142.20	131.52	180.84	249.13	252.00	252.00	252.00	252.00	226.87	193.63	
DCC (mm)	49.08	82.90	109.80	120.48	71.16	2.87	0.00	0.00	0.00	0.00	25.13	58.37	
Rp (mm)	0.00	0.00	0.00	0.00	0.00	0.00	35.32	39.29	104.23	80.96	0.00	0.00	259.80
% Recarga													19.20

Anexo 2-j: Recarga potencial en suelo Afloramiento Rocoso con Maleza Compacta

fc (mm/d):	1362.48	por peso		
I (%):	1		(%)	(mm)
DS (g/cm³):	1.50	CC	14.00	105.00
PR (mm):	500.00	PM	6.00	45.00
HSi (mm):	105.00	RAD	8.00	60.00

	Enero	Febrero	Marzo	Abril	Mayo	Junio	Julio	Agosto	Septiembre	Octubre	Noviembre	Diciembre	Valores anuales
P (mm)	29.90	16.72	11.22	18.73	141.02	212.33	182.83	182.83	233.16	208.56	76.80	38.70	1352.80
Pi (mm)	29.90	16.72	11.22	18.73	141.02	212.33	182.83	182.83	233.16	208.56	76.80	38.70	1352.80
ESC (mm)	0.00	3.00	0.00	0.00	0.00	0.00	0.00	0.00	0.00	0.00	0.00	0.00	3.00
ETP (mm)	119.83	119.11	160.53	180.05	181.27	146.97	144.63	143.54	128.93	127.60	123.48	120.99	1696.93
HSi (mm)	105.00	75.00	60.65	52.31	51.51	81.69	105.00	105.00	105.00	105.00	105.00	89.74	
HD (mm)	89.90	46.72	26.87	26.04	147.53	249.01	242.83	242.83	293.16	268.56	136.80	83.44	
ETR (mm)	59.91	31.07	19.56	19.53	110.84	146.97	144.63	143.54	128.93	127.60	92.06	55.78	
HSf (mm)	75.00	60.65	52.31	51.51	81.69	105.00	105.00	105.00	105.00	105.00	89.74	72.66	
DCC (mm)	30.00	44.35	52.69	53.49	23.31	0.00	0.00	0.00	0.00	0.00	15.26	32.34	
Rp (mm)	0.00	0.00	0.00	0.00	0.00	42.04	38.19	39.29	104.23	80.96	0.00	0.00	304.71
% Recarga													22.52

Anexo 2-k: Recarga potencial en suelo Afloramiento Rocoso con Pastos más maleza y árboles

fc (mm/d):	1362.48
I (%):	1
DS (g/cm^3):	1.50
PR (mm):	500.00
HSi (mm):	105.00

por peso		
	(%)	(mm)
CC	14.00	105.00
PM	6.00	45.00
RAD	8.00	60.00

	Enero	Febrero	Marzo	Abril	Mayo	Junio	Julio	Agosto	Septiembre	Octubre	Noviembre	Diciembre	Valores anuales
P (mm)	29.90	16.72	11.22	18.73	141.02	212.33	182.83	182.83	233.16	208.56	76.80	38.70	1352.80
Pi (mm)	29.90	16.72	11.22	18.73	141.02	212.33	182.83	182.83	233.16	208.56	76.80	38.70	1352.80
ESC (mm)	0.00	3.00	0.00	0.00	0.00	0.00	0.00	0.00	0.00	0.00	0.00	0.00	3.00
ETP (mm)	119.83	119.11	160.53	180.05	181.27	146.97	144.63	143.54	128.93	127.60	123.48	120.99	1696.93
HSi (mm)	105.00	75.00	60.65	52.31	51.51	81.69	105.00	105.00	105.00	105.00	105.00	89.74	
HD (mm)	89.90	46.72	26.87	26.04	147.53	249.01	242.83	242.83	293.16	268.56	136.80	83.44	
ETR (mm)	59.91	31.07	19.56	19.53	110.84	146.97	144.63	143.54	128.93	127.60	92.06	55.78	
HSf (mm)	75.00	60.65	52.31	51.51	81.69	105.00	105.00	105.00	105.00	105.00	89.74	72.66	
DCC (mm)	30.00	44.35	52.69	53.49	23.31	0.00	0.00	0.00	0.00	0.00	15.26	32.34	
Rp (mm)	0.00	0.00	0.00	0.00	0.00	42.04	38.19	39.29	104.23	80.96	0.00	0.00	304.71
% Recarga													22.52

Anexo 2-I: Recarga potencial en suelo Afloramiento Rocoso con Vegetación arbustiva

fc (mm/d):	1362.48	por peso		
I (%):	1		(%)	(mm)
DS (g/cm³):	1.50	CC	14.00	168.00
PR (mm):	800.00	PM	6.00	72.00
HSi (mm):	168.00	RAD	8.00	96.00

	Enero	Febrero	Marzo	Abril	Mayo	Junio	Julio	Agosto	Septiembre	Octubre	Noviembre	Diciembre	Valores anuales
P (mm)	29.90	16.72	11.22	18.73	141.02	212.33	182.83	182.83	233.16	208.56	76.80	38.70	1352.80
Pi (mm)	29.90	16.72	11.22	18.73	141.02	212.33	182.83	182.83	233.16	208.56	76.80	38.70	1352.80
ESC (mm)	0.00	3.00	0.00	0.00	0.00	0.00	0.00	0.00	0.00	0.00	0.00	0.00	3.00
ETP (mm)	119.83	119.11	160.53	180.05	181.27	146.97	144.63	143.54	128.93	127.60	123.48	120.99	1696.93
HSi (mm)	168.00	128.00	104.46	88.35	84.20	125.05	168.00	168.00	168.00	168.00	168.00	147.58	
HD (mm)	125.90	72.72	43.68	35.07	153.22	265.37	278.83	278.83	329.16	304.56	172.80	114.28	
ETR (mm)	69.90	40.27	27.33	22.88	100.17	146.97	144.63	143.54	128.93	127.60	97.22	63.72	
HSf (mm)	128.00	104.46	88.35	84.20	125.05	168.00	168.00	168.00	168.00	168.00	147.58	122.56	
DCC (mm)	40.00	63.54	79.65	83.80	42.95	0.00	0.00	0.00	0.00	0.00	20.42	45.44	
Rp (mm)	0.00	0.00	0.00	0.00	0.00	22.40	38.19	39.29	104.23	80.96	0.00	0.00	285.07
% Recarga													21.07

Anexo 3 Cálculos de la recarga subterránea de la microcuenca en condiciones Futuras.

	Enero	Febrero	Marzo	Abril	Mayo	Junio	Julio	Agosto	Septiembre	Octubre	Noviembre	Diciembre
FArc-BL	0.00	0.00	0.00	0.00	0.00	0.00	0.00	0.00	37.17	63.38	0.00	0.00
FArc-MC	0.00	0.00	0.00	0.00	0.00	0.00	0.00	0.00	30.07	48.44	0.00	0.00
FArc-Pma	0.00	0.00	0.00	0.00	0.00	0.00	0.00	0.00	30.07	48.44	0.00	0.00
FArc-VA	0.00	0.00	0.00	0.00	0.00	0.00	0.00	0.00	23.48	48.44	0.00	0.00
AR-BL	0.00	0.00	0.00	0.00	0.00	0.00	0.00	0.10	51.70	65.52	0.00	0.00
AR-MC	0.00	0.00	0.00	0.00	0.00	0.00	23.51	1.47	51.70	65.52	0.00	0.00
AR-Pma	0.00	0.00	0.00	0.00	0.00	0.00	23.51	1.47	51.70	65.52	0.00	0.00
AR-VA	0.00	0.00	0.00	0.00	0.00	0.00	14.29	1.47	51.70	65.52	0.00	0.00
Arc-MC	0.00	0.00	0.00	0.00	0.00	0.00	0.00	0.00	0.00	0.00	0.00	0.00
Arc-Pma	0.00	0.00	0.00	0.00	0.00	0.00	0.00	0.00	0.00	0.00	0.00	0.00
Arc-VA	0.00	0.00	0.00	0.00	0.00	0.00	0.00	0.00	0.00	0.00	0.00	0.00

FArc: Franco Arcilloso
BL: Bosque Latifoliado
VA: Vegetación Arbustiva

AR: Afloramiento Rocoso
MC: Maleza Compacta
RP: Recarga potencial

Arc: Arcilloso
Pma: Pastos con Maleza y Árboles

Anexo 3-b: Recarga potencial en suelo Franco Arcilloso con Bosque Latifoliado

fc (mm/d):	217.12	por peso		
I (%):	0.99		(%)	(mm)
DS (g/cm³):	1.40	CC	27.00	453.60
PR (mm):	1200.00	PM	14.00	235.20
HSi (mm):	453.60	RAD	13.00	218.40

	Enero	Febrero	Marzo	Abril	Mayo	Junio	Julio	Agosto	Septiembre	Octubre	Noviembre	Diciembre	Valores anuales
P (mm)	26.40	15.22	10.22	10.23	158.52	197.33	202.83	179.33	206.16	213.56	98.30	36.20	1354.30
Pi (mm)	26.14	15.07	10.12	10.13	156.93	195.35	200.80	177.54	204.10	211.42	97.32	35.84	1340.75
ESC (mm)	0.26	3.00	0.10	0.10	1.59	1.97	2.03	1.79	2.06	2.14	0.98	0.36	16.39
ETP (mm)	149.93	153.66	205.69	233.17	240.56	191.91	174.00	177.86	154.46	148.04	145.95	141.10	2116.31
HSi (mm)	453.60	380.20	329.16	288.80	266.02	324.55	386.74	431.30	441.14	453.60	453.60	424.45	
HD (mm)	244.54	160.07	104.08	63.73	187.76	284.70	352.34	373.64	410.03	429.82	315.72	225.09	
ETR (mm)	99.54	66.11	50.48	32.91	98.41	133.16	156.23	167.71	154.46	148.04	126.47	88.34	
HSf (mm)	380.20	329.16	288.80	266.02	324.55	386.74	431.30	441.14	453.60	453.60	424.45	371.94	
DCC (mm)	73.40	124.44	164.80	187.58	129.05	66.86	22.30	12.46	0.00	0.00	29.15	81.66	
Rp (mm)	0.00	0.00	0.00	0.00	0.00	0.00	0.00	0.00	37.17	63.38	0.00	0.00	100.55
% Recarga													7.42

Anexo 3-c: Recarga potencial en suelo Franco Arcilloso con Maleza Compacta

fc (mm/d):	217.12	por peso		
I (%):	0.92		(%)	(mm)
DS (g/cm^3):	1.40	CC	27.00	189.00
PR (mm):	500.00	PM	14.00	98.00
HSi (mm):	189.00	RAD	13.00	91.00

	Enero	Febrero	Marzo	Abril	Mayo	Junio	Julio	Agosto	Septiembre	Octubre	Noviembre	Diciembre	Valores anuales
P (mm)	26.40	15.22	10.22	10.23	158.52	197.33	202.83	179.33	206.16	213.56	98.30	36.20	1354.30
Pi (mm)	24.29	14.01	9.41	9.41	145.84	181.54	186.60	164.98	189.66	196.48	90.43	33.31	1245.95
ESC (mm)	2.11	3.00	0.82	0.82	12.68	15.79	16.23	14.35	16.49	17.08	7.86	2.90	110.13
ETP (mm)	149.93	153.66	205.69	233.17	240.56	191.91	174.00	177.86	154.46	148.04	145.95	141.10	2116.31
HSi (mm)	189.00	141.55	119.41	107.45	103.29	139.48	169.74	186.71	183.87	189.00	189.00	167.68	
HD (mm)	115.29	57.55	30.81	18.86	151.13	223.02	258.34	253.70	275.53	287.48	181.43	102.98	
ETR (mm)	71.74	36.15	21.36	13.57	109.65	151.28	169.62	167.83	154.46	148.04	111.76	62.61	
HSf (mm)	141.55	119.41	107.45	103.29	139.48	169.74	186.71	183.87	189.00	189.00	167.68	138.38	
DCC (mm)	47.45	69.59	81.55	85.71	49.52	19.26	2.29	5.13	0.00	0.00	21.32	50.62	
Rp (mm)	0.00	0.00	0.00	0.00	0.00	0.00	0.00	0.00	30.07	48.44	0.00	0.00	78.51
% Recarga													5.80

Anexo 3-d: Recarga potencial en suelo Franco Arcilloso con Pasto más maleza y árboles

fc (mm/d):	217.12	por peso		
I (%):	0.92		(%)	(mm)
DS (g/cm³):	1.40	CC	27.00	189.00
PR (mm):	500.00	PM	14.00	98.00
HSi (mm):	189.00	RAD	13.00	91.00

	Enero	Febrero	Marzo	Abril	Mayo	Junio	Julio	Agosto	Septiembre	Octubre	Noviembre	Diciembre	Valores anuales
P (mm)	26.40	15.22	10.22	10.23	158.52	197.33	202.83	179.33	206.16	213.56	98.30	36.20	1354.30
Pi (mm)	24.29	14.01	9.41	9.41	145.84	181.54	186.60	164.98	189.66	196.48	90.43	33.31	1245.95
ESC (mm)	2.11	3.00	0.82	0.82	12.68	15.79	16.23	14.35	16.49	17.08	7.86	2.90	110.13
ETP (mm)	149.93	153.66	205.69	233.17	240.56	191.91	174.00	177.86	154.46	148.04	145.95	141.10	2116.31
HSi (mm)	189.00	141.55	119.41	107.45	103.29	139.48	169.74	186.71	183.87	189.00	189.00	167.68	
HD (mm)	115.29	57.55	30.81	18.86	151.13	223.02	258.34	253.70	275.53	287.48	181.43	102.98	
ETR (mm)	71.74	36.15	21.36	13.57	109.65	151.28	169.62	167.83	154.46	148.04	111.76	62.61	
HSf (mm)	141.55	119.41	107.45	103.29	139.48	169.74	186.71	183.87	189.00	189.00	167.68	138.38	
DCC (mm)	47.45	69.59	81.55	85.71	49.52	19.26	2.29	5.13	0.00	0.00	21.32	50.62	
Rp (mm)	0.00	0.00	0.00	0.00	0.00	0.00	0.00	0.00	30.07	48.44	0.00	0.00	78.51
% Recarga													5.80

Anexo 3-e: Recarga potencial en suelo Franco Arcilloso con Vegetación Arbustiva

fc (mm/d):	217.12	por peso		
I (%):	0.92		(%)	(mm)
DS (g/cm³):	1.40	CC	27.00	302.40
PR (mm):	800.00	PM	14.00	156.80
HSi (mm):	302.40	RAD	13.00	145.60

	Enero	Febrero	Marzo	Abril	Mayo	Junio	Julio	Agosto	Septiembre	Octubre	Noviembre	Diciembre	Valores anuales
P (mm)	26.40	15.22	10.22	10.23	158.52	197.33	202.83	179.33	206.16	213.56	98.30	36.20	1354.30
Pi (mm)	24.29	14.01	9.41	9.41	145.84	181.54	186.60	164.98	189.66	196.48	90.43	33.31	1245.95
ESC (mm)	2.11	3.00	0.82	0.82	12.68	15.79	16.23	14.35	16.49	17.08	7.86	2.90	110.13
ETP (mm)	149.93	153.66	205.69	233.17	240.56	191.91	174.00	177.86	154.46	148.04	145.95	141.10	2116.31
HSi (mm)	302.40	240.50	204.34	180.40	169.49	216.57	260.90	289.24	290.68	302.40	302.40	274.68	
HD (mm)	169.89	97.71	56.94	33.01	158.53	241.31	290.70	297.42	323.54	342.08	236.03	151.18	
ETR (mm)	86.19	50.17	33.34	20.32	98.75	137.21	158.26	163.54	154.46	148.04	118.16	74.40	
HSf (mm)	240.50	204.34	180.40	169.49	216.57	260.90	289.24	290.68	302.40	302.40	274.68	233.58	
DCC (mm)	61.90	98.06	122.00	132.91	85.83	41.50	13.16	11.72	0.00	0.00	27.72	68.82	
Rp (mm)	0.00	0.00	0.00	0.00	0.00	0.00	0.00	0.00	23.48	48.44	0.00	0.00	71.92
% Recarga													5.31

Anexo 3-f: Recarga potencial en suelo Arcilloso y Maleza Compacta

fc (mm/d):	88.08	por peso		
I (%):	0.73		(%)	(mm)
DS (g/cm³):	1.25	CC	35.00	218.75
PR (mm):	500.00	PM	18.00	112.50
HSi (mm):	218.75	RAD	17.00	106.25

	Enero	Febrero	Marzo	Abril	Mayo	Junio	Julio	Agosto	Septiembre	Octubre	Noviembre	Diciembre	Valores anuales
P (mm)	26.40	15.22	10.22	10.23	158.52	197.33	202.83	179.33	206.16	213.56	98.30	36.20	1354.30
Pi (mm)	19.27	11.11	7.46	7.47	115.72	144.05	148.06	130.91	150.49	155.90	71.76	26.43	988.64
ESC (mm)	7.13	3.00	2.76	2.76	42.80	53.28	54.76	48.42	55.66	57.66	26.54	9.77	364.55
ETP (mm)	149.93	153.66	205.69	233.17	240.56	191.91	174.00	177.86	154.46	148.04	145.95	141.10	2116.31
HSi (mm)	218.75	164.56	138.33	123.84	118.39	149.76	177.11	193.13	191.61	206.07	216.74	186.65	
HD (mm)	125.52	63.17	33.29	18.80	121.61	181.30	212.67	211.54	229.61	249.47	176.00	100.57	
ETR (mm)	73.46	37.35	21.95	12.92	84.35	116.70	132.04	132.43	136.03	145.24	101.85	57.37	
HSf (mm)	164.56	138.33	123.84	118.39	149.76	177.11	193.13	191.61	206.07	216.74	186.65	155.70	
DCC (mm)	54.19	80.42	94.91	100.36	68.99	41.64	25.62	27.14	12.68	2.01	32.10	63.05	
Rp (mm)	0.00	0.00	0.00	0.00	0.00	0.00	0.00	0.00	0.00	0.00	0.00	0.00	0.00
% Recarga													0.00

Anexo 3-g: Recarga potencial en suelo Arcilloso y Pastos más maleza y árboles

fc (mm/d):	88.08
I (%):	0.73
DS (g/cm^3):	1.25
PR (mm):	500.00
HSi (mm):	218.75

por peso		
	(%)	(mm)
CC	35.00	218.75
PM	18.00	112.50
RAD	17.00	106.25

	Enero	Febrero	Marzo	Abril	Mayo	Junio	Julio	Agosto	Septiembre	Octubre	Noviembre	Diciembre	Valores anuales
P (mm)	26.40	15.22	10.22	10.23	158.52	197.33	202.83	179.33	206.16	213.56	98.30	36.20	1354.30
Pi (mm)	19.27	11.11	7.46	7.47	115.72	144.05	148.06	130.91	150.49	155.90	71.76	26.43	988.64
ESC (mm)	7.13	3.00	2.76	2.76	42.80	53.28	54.76	48.42	55.66	57.66	26.54	9.77	364.55
ETP (mm)	149.93	153.66	205.69	233.17	240.56	191.91	174.00	177.86	154.46	148.04	145.95	141.10	2116.31
HSi (mm)	218.75	164.56	138.33	123.84	118.39	149.76	177.11	193.13	191.61	206.07	216.74	186.65	
HD (mm)	125.52	63.17	33.29	18.80	121.61	181.30	212.67	211.54	229.61	249.47	176.00	100.57	
ETR (mm)	73.46	37.35	21.95	12.92	84.35	116.70	132.04	132.43	136.03	145.24	101.85	57.37	
HSf (mm)	164.56	138.33	123.84	118.39	149.76	177.11	193.13	191.61	206.07	216.74	186.65	155.70	
DCC (mm)	54.19	80.42	94.91	100.36	68.99	41.64	25.62	27.14	12.68	2.01	32.10	63.05	
Rp (mm)	0.00	0.00	0.00	0.00	0.00	0.00	0.00	0.00	0.00	0.00	0.00	0.00	0.00
% Recarga													0.00

Anexo 3-h: Recarga potencial en suelo Arcilloso y Vegetación arbustiva

fc (mm/d):	88.08	por peso		
I (%):	0.7		(%)	(mm)
DS (g/cm³):	1.25	CC	35.00	350.00
PR (mm):	800.00	PM	18.00	180.00
HSi (mm):	350.00	RAD	17.00	170.00

	Enero	Febrero	Marzo	Abril	Mayo	Junio	Julio	Agosto	Septiembre	Octubre	Noviembre	Diciembre	Valores anuales
P (mm)	26.40	15.22	10.22	10.23	158.52	197.33	202.83	179.33	206.16	213.56	98.30	36.20	1354.30
Pi (mm)	18.48	10.66	7.16	7.16	110.96	138.13	141.98	125.53	144.31	149.49	68.81	25.34	948.01
ESC (mm)	7.92	3.00	3.07	3.07	47.56	59.20	60.85	53.80	61.85	64.07	29.49	10.86	404.72
ETP (mm)	149.93	153.66	205.69	233.17	240.56	191.91	174.00	177.86	154.46	148.04	145.95	141.10	2116.31
HSi (mm)	350.00	280.15	238.20	209.58	195.49	232.36	269.48	294.38	297.25	317.04	333.16	299.43	
HD (mm)	188.48	110.81	65.36	36.73	126.45	190.49	231.46	239.92	261.56	286.53	221.97	144.77	
ETR (mm)	88.33	52.61	35.78	21.25	74.09	101.01	117.07	122.67	124.52	133.38	102.54	65.66	
HSf (mm)	280.15	238.20	209.58	195.49	232.36	269.48	294.38	297.25	317.04	333.16	299.43	259.11	
DCC (mm)	69.85	111.80	140.42	154.51	117.64	80.52	55.62	52.75	32.96	16.84	50.57	90.89	
Rp (mm)	0.00	0.00	0.00	0.00	0.00	0.00	0.00	0.00	0.00	0.00	0.00	0.00	0.00
% Recarga													0.00

Anexo 3-i: Recarga potencial en suelo Afloramiento Rocoso y Bosques latifoliados

fc (mm/d):	1362.48	por peso		
I (%):	1		(%)	(mm)
DS (g/cm^3):	1.50	CC	14.00	252.00
PR (mm):	1200.00	PM	6.00	108.00
HSi (mm):	252.00	RAD	8.00	144.00

	Enero	Febrero	Marzo	Abril	Mayo	Junio	Julio	Agosto	Septiembre	Octubre	Noviembre	Diciembre	Valores anuales
P (mm)	26.40	15.22	10.22	10.23	158.52	197.33	202.83	179.33	206.16	213.56	98.30	36.20	1354.30
Pi (mm)	26.40	15.22	10.22	10.23	158.52	197.33	202.83	179.33	206.16	213.56	98.30	36.20	1354.30
ESC (mm)	0.00	3.00	0.00	0.00	0.00	0.00	0.00	0.00	0.00	0.00	0.00	0.00	3.00
ETP (mm)	149.93	153.66	205.69	233.17	240.56	191.91	174.00	177.86	154.46	148.04	145.95	141.10	2116.31
HSi (mm)	252.00	191.48	155.75	131.87	121.02	172.23	220.13	250.62	252.00	252.00	252.00	228.33	
HD (mm)	170.40	98.71	57.98	34.10	171.54	261.56	314.95	321.95	350.16	357.56	242.30	156.54	
ETR (mm)	86.92	50.95	34.10	21.08	107.31	149.43	172.33	177.86	154.46	148.04	121.96	77.47	
HSf (mm)	191.48	155.75	131.87	121.02	172.23	220.13	250.62	252.00	252.00	252.00	228.33	187.06	
DCC (mm)	60.52	96.25	120.13	130.98	79.77	31.87	1.38	0.00	0.00	0.00	23.67	64.94	
Rp (mm)	0.00	0.00	0.00	0.00	0.00	0.00	0.00	0.10	51.70	65.52	0.00	0.00	117.31
% Recarga													8.66

Anexo 3-j: Recarga potencial en suelo Afloramiento Rocoso con Maleza Compacta

fc (mm/d):	1362.48
I (%):	1
DS (g/cm³):	1.50
PR (mm):	500.00
HSi (mm):	105.00

por peso		
	(%)	(mm)
CC	14.00	105.00
PM	6.00	45.00
RAD	8.00	60.00

	Enero	Febrero	Marzo	Abril	Mayo	Junio	Julio	Agosto	Septiembre	Octubre	Noviembre	Diciembre	Valores anuales
P (mm)	26.40	15.22	10.22	10.23	158.52	197.33	202.83	179.33	206.16	213.56	98.30	36.20	1354.30
Pi (mm)	26.40	15.22	10.22	10.23	158.52	197.33	202.83	179.33	206.16	213.56	98.30	36.20	1354.30
ESC (mm)	0.00	3.00	0.00	0.00	0.00	0.00	0.00	0.00	0.00	0.00	0.00	0.00	3.00
ETP (mm)	149.93	153.66	205.69	233.17	240.56	191.91	174.00	177.86	154.46	148.04	145.95	141.10	2116.31
HSi (mm)	105.00	69.69	56.21	49.84	48.08	77.26	99.68	105.00	105.00	105.00	105.00	91.12	
HD (mm)	86.40	39.92	21.43	15.07	161.60	229.59	257.51	239.33	266.16	273.56	158.30	82.32	
ETR (mm)	61.71	28.71	16.59	11.98	129.34	174.90	174.00	177.86	154.46	148.04	112.18	57.76	
HSf (mm)	69.69	56.21	49.84	48.08	77.26	99.68	105.00	105.00	105.00	105.00	91.12	69.56	
DCC (mm)	35.31	48.79	55.16	56.92	27.74	5.32	0.00	0.00	0.00	0.00	13.88	35.44	
Rp (mm)	0.00	0.00	0.00	0.00	0.00	0.00	23.51	1.47	51.70	65.52	0.00	0.00	142.20
% Recarga													10.50

Anexo 3-k: Recarga potencial en suelo Afloramiento Rocoso con Pastos más maleza y árboles

fc (mm/d):	1362.48	por peso		
I (%):	1		(%)	(mm)
DS (g/cm³):	1.50	CC	14.00	105.00
PR (mm):	500.00	PM	6.00	45.00
HSi (mm):	105.00	RAD	8.00	60.00

	Enero	Febrero	Marzo	Abril	Mayo	Junio	Julio	Agosto	Septiembre	Octubre	Noviembre	Diciembre	Valores anuales
P (mm)	26.40	15.22	10.22	10.23	158.52	197.33	202.83	179.33	206.16	213.56	98.30	36.20	1354.30
Pi (mm)	26.40	15.22	10.22	10.23	158.52	197.33	202.83	179.33	206.16	213.56	98.30	36.20	1354.30
ESC (mm)	0.00	3.00	0.00	0.00	0.00	0.00	0.00	0.00	0.00	0.00	0.00	0.00	3.00
ETP (mm)	149.93	153.66	205.69	233.17	240.56	191.91	174.00	177.86	154.46	148.04	145.95	141.10	2116.31
HSi (mm)	105.00	69.69	56.21	49.84	48.08	77.26	99.68	105.00	105.00	105.00	105.00	91.12	
HD (mm)	86.40	39.92	21.43	15.07	161.60	229.59	257.51	239.33	266.16	273.56	158.30	82.32	
ETR (mm)	61.71	28.71	16.59	11.98	129.34	174.90	174.00	177.86	154.46	148.04	112.18	57.76	
HSf (mm)	69.69	56.21	49.84	48.08	77.26	99.68	105.00	105.00	105.00	105.00	91.12	69.56	
DCC (mm)	35.31	48.79	55.16	56.92	27.74	5.32	0.00	0.00	0.00	0.00	13.88	35.44	
Rp (mm)	0.00	0.00	0.00	0.00	0.00	0.00	23.51	1.47	51.70	65.52	0.00	0.00	142.20
% Recarga													10.50

Anexo 3-I: Recarga potencial en suelo Afloramiento Rocoso con Vegetación arbustiva

fc (mm/d):	1362.48	por peso		
I (%):	1		(%)	(mm)
DS (g/cm³):	1.50	CC	14.00	168.00
PR (mm):	800.00	PM	6.00	72.00
HSi (mm):	168.00	RAD	8.00	96.00

	Enero	Febrero	Marzo	Abril	Mayo	Junio	Julio	Agosto	Septiembre	Octubre	Noviembre	Diciembre	Valores anuales
P (mm)	26.40	15.22	10.22	10.23	158.52	197.33	202.83	179.33	206.16	213.56	98.30	36.20	1354.30
Pi (mm)	26.40	15.22	10.22	10.23	158.52	197.33	202.83	179.33	206.16	213.56	98.30	36.20	1354.30
ESC (mm)	0.00	3.00	0.00	0.00	0.00	0.00	0.00	0.00	0.00	0.00	0.00	0.00	3.00
ETP (mm)	149.93	153.66	205.69	233.17	240.56	191.91	174.00	177.86	154.46	148.04	145.95	141.10	2116.31
HSi (mm)	168.00	119.78	96.23	82.96	78.18	118.98	153.46	168.00	168.00	168.00	168.00	149.09	
HD (mm)	122.40	63.00	34.45	21.19	164.70	244.30	284.29	275.33	302.16	309.56	194.30	113.29	
ETR (mm)	74.62	38.78	23.49	15.01	117.72	162.84	174.00	177.86	154.46	148.04	117.21	67.42	
HSf (mm)	119.78	96.23	82.96	78.18	118.98	153.46	168.00	168.00	168.00	168.00	149.09	117.87	
DCC (mm)	48.22	71.77	85.04	89.82	49.02	14.54	0.00	0.00	0.00	0.00	18.91	50.13	
Rp (mm)	0.00	0.00	0.00	0.00	0.00	0.00	14.29	1.47	51.70	65.52	0.00	0.00	132.98
% Recarga													9.82

Anexo 4 Registros de pruebas de bombeos

DATOS DE PRUEBA DE BOMBEO			
No. de Pozo: Prueba1	Localizacion: PP Comunal/Dna. Erenia		Departamento: Chontales
Tipo de Prueba: Preelimina	Fecha de Prueba: .27.01.16	Caudal: 0.2996775	Duracion: 30.00000
Transmisubilidad: 0.02420256	Coef. de Almacenamiento:	Leakance 1.064165E-08	Error de Estimacion: 9.57
Metodo de Analisis:		Hantush Method	

RESULTADOS								
Tiempo(min)	Descenso(m)	Caudal	Tiempo(min)	Descenso(m)	Caudal	Tiempo(min)	Descenso(m)	Caudal
0.00	0.0000	4.75000						
1.00	4.3700	4.75000						
2.00	7.7700	4.75000						
3.00	11.3700	4.75000						
4.00	14.7700	4.75000						
5.00	18.1700	4.75000						
6.00	21.5700	4.75000						
7.00	24.8700	4.75000						
8.00	27.9700	4.75000						
9.00	31.0700	4.75000						
10.00	35.9700	4.75000						
12.00	39.6700	4.75000						
14.00	44.6700	4.75000						
16.00	51.3700	4.75000						
18.00	56.3700	4.75000						
20.00	65.3700	4.75000						
25.00	79.7700	4.75000						
30.00	87.3700	4.75000						

DATOS DE PRUEBA DE BOMBEO

No. de Pozo:	Localizacion:		Departamento:
Prueba3	PP Comunal/Dna.Erenia		Chontales

Tipo de Prueba:	Fecha de Prueba:	Caudal:	Duracion:
Definitiva	27.01.16	0.1577250	120.0000

Transmisubilidad:	Coef. de Almacenamiento:	Leakance	Error de Estimacion:
0.1412853		2.398194E-13	0.85

Metodo de Analisis: Hantush Method

RESULTADOS

Tiempo(min)	Descenso(m)	Caudal	Tiempo(min)	Descenso(m)	Caudal	Tiempo(min)	Descenso(m)	Caudal
0.0	0.0000	2.50000						
1.0	1.0000	2.50000						
2.0	1.5000	2.50000						
3.0	1.9000	2.50000						
4.0	2.2000	2.50000						
5.0	2.5000	2.50000						
6.0	2.7000	2.50000						
7.0	3.0000	2.50000						
8.0	3.3000	2.50000						
9.0	3.5000	2.50000						
10.0	3.7000	2.50000						
12.0	4.1000	2.50000						
14.0	4.4000	2.50000						
16.0	5.0000	2.50000						
18.0	5.3000	2.50000						
20.0	5.5000	2.50000						
25.0	6.4000	2.50000						
30.0	7.7000	2.50000						
35.0	9.2000	2.50000						
40.0	11.0000	2.50000						
45.0	12.8000	2.50000						
50.0	14.6000	2.50000						
55.0	16.4000	2.50000						
60.0	18.2000	2.50000						
70.0	21.8000	2.50000						
80.0	25.4000	2.50000						
90.0	29.9000	2.50000						
100.0	32.2000	2.50000						
110.0	35.4000	2.50000						
120.0	38.7000	2.50000						

DATOS DE PRUEBA DE BOMBEO

No. de Pozo:	Localizacion:			Departamento:
Prueba4	PP Comunal/Detrasdecapilla			Chontales
Tipo de Prueba:	Fecha de Prueba:	Caudal:		Duracion:
Escalonada	28.01.16	0.8376412		390.0000
Transmisubilidad:	Coef. de Almacenamiento:	Leakance		Error de Estimacion:
91.17848		3.765776E-12		0.02
Metodo de Analisis:		Hantush Method		

RESULTADOS

Tiempo(min)	Descenso(m)	Caudal	Tiempo(min)	Descenso(m)	Caudal	Tiempo(min)	Descenso(m)	Caudal
0.0	0.00000	5.0000	140.0	0.18840	15.2000			
1.0	0.00640	5.0000	150.0	0.23600	15.2000			
2.0	0.00640	5.0000	160.0	0.23600	15.2000			
3.0	0.00640	5.0000	170.0	0.28600	15.2000			
4.0	0.00640	5.0000	180.0	0.28600	15.2000			
5.0	0.00640	5.0000	190.0	0.31600	15.2000			
6.0	0.00640	5.0000	210.0	0.35600	15.2000			
7.0	0.00640	5.0000	230.0	0.38600	15.2000			
8.0	0.00640	5.0000	250.0	0.38600	15.2000			
9.0	0.00640	5.0000	270.0	0.48600	20.0000			
10.0	0.03600	5.0000	290.0	0.56600	20.0000			
12.0	0.03600	5.0000	310.0	0.58600	20.0000			
14.0	0.03600	5.0000	330.0	0.58600	20.0000			
16.0	0.03600	5.0000	350.0	0.58600	20.0000			
18.0	0.03600	5.0000	370.0	0.58600	20.0000			
20.0	0.03600	5.0000	390.0	0.59600	20.0000			
25.0	0.03600	5.0000						
30.0	0.03600	5.0000						
35.0	0.03600	5.0000						
40.0	0.03600	5.0000						
45.0	0.03600	5.0000						
50.0	0.03600	5.0000						
55.0	0.03600	5.0000						
60.0	0.03600	5.0000						
70.0	0.03600	5.0000						
80.0	0.03600	5.0000						
90.0	0.03600	5.0000						
100.0	0.03600	5.0000						
110.0	0.03600	5.0000						
120.0	0.03600	5.0000						
130.0	0.18800	15.2000						

DATOS DE PRUEBA DE BOMBEO

No. de Pozo:	Localizacion:		Departamento:
Prueba5	PE Wilmer Fernandez Palma		Juigalpa
Tipo de Prueba:	Fecha de Prueba:	Caudal:	Duracion:
Continua	29.01.16	0.1514160	120.0000
Transmisubilidad:	Coef. de Almacenamiento:	Leakance	Error de Estimacion:
24.94504	4.426068E-09	4.659607E-18	0.26
Metodo de Analisis:		Hantush Method	

RESULTADOS

Tiempo(min)	Descenso(Pies)	Caudal GPM	Tiempo(min)	Descenso(m)	Caudal	Tiempo(min)	Descenso(m)	Caudal
0.0	0.00000	2.40000						
1.0	0.97000	2.40000						
2.0	0.97000	2.40000						
3.0	0.97000	2.40000						
4.0	0.99000	2.40000						
5.0	1.00000	2.40000						
6.0	1.02000	2.40000						
7.0	1.02000	2.40000						
8.0	1.02000	2.40000						
9.0	1.03000	2.40000						
10.0	1.03000	2.40000						
12.0	1.07000	2.40000						
14.0	1.07000	2.40000						
16.0	1.08000	2.40000						
18.0	1.08000	2.40000						
20.0	1.11000	2.40000						
25.0	1.13000	2.40000						
30.0	1.17000	2.40000						
35.0	1.19000	2.40000						
40.0	1.22000	2.40000						
45.0	1.24000	2.40000						
50.0	1.27000	2.40000						
55.0	1.29000	2.40000						
60.0	1.32000	2.40000						
70.0	1.37000	2.40000						
80.0	1.42000	2.40000						
90.0	1.49000	2.40000						
100.0	1.52000	2.40000						
110.0	1.57000	2.40000						
120.0	1.60000	2.40000						

BIBLIOGRAFÍA

- Aparicio-Mijares, F. J. *Fundamentos de hidrología de superficie"* *(1989), Editorial Limusa.*

- Chow, V. T. *Handbook of Applied Hydrology* (1964), McGraw-Hill International editions.

- Chow, V. T. ; Maidment, D. R.; Mays, L. W. (1988), *Applied Hydrology*, McGraw-Hill International editions.

- Campos Aranda, D.F. Procesos del Ciclo Hidrológico. Universidad Autónoma de San Luis de Potosí. Facultad de Ingeniería. México 1998.

- Linsley, M.R., Kohler, M.A. and Paulhus. J.L.H. "Applied Hydrology" Cap. 1 Introducción, pag.1 a 4 McGraw-Hill Book Company and Kogakusha Company. Tokio, Japón. 1949, citado por Campos Aranda, D.F. Procesos del ciclo hidrológico. Universidad Autónoma de San Luis de Potosí. México, 1998

Printed by Books on Demand GmbH, Norderstedt / Germany